Ulrike Ziesche

Werkstatthandbuch

zur Qualitätsentwicklung in Kindertagesstätten

Luchterhand

Die Deutsche Bibliothek – CIP-Einheitsaufnahme

Ziesche, Ulrike: Werkstatthandbuch zur Qualitätsentwicklung in Kindertagesstätten / Ulrike Ziesche. – Neuwied ; Berlin : Luchterhand, 1999
ISBN 3-472-03567-6

Titelfoto: Jürgen Jabs
Satz: Deskom WA
Druck und Bindung: Druckerei H. Heenemann GmbH & Co, Berlin
Printed in Germany, Mai 1999

Inhalt

Vorwort

Neulich war ich mit einer Freundin im Café. Die verlockenden Angebote, durch die großen Fenster gut sichtbar, zogen uns an, die Preise schreckten uns nicht; und als wir das Café betraten, umfing uns köstlicher Duft von Backwerk und Kaffee. Der Raum, obwohl zurückhaltend ausgestattet, wirkte doch gemütlich. Warmes Licht durchflutete ihn, und an den Caféhaustischen saßen Leute, unterhielten sich, lasen Zeitung oder schauten auf die Straße. Leise, klassische Musik untermalte die Atmosphäre.

Eine ältere Frau bediente vorn am Tresen die Laufkundschaft und begrüßte uns beim Eintreten mit einem freundlichen Nicken. Nachdem wir einen schönen Tisch gefunden hatten, klärte uns eine Serviererin darüber auf, daß wir uns den Kuchen am Tresen aussuchen könnten. Doch ehe wir dazu kamen, Getränke zu bestellen, forderte eine barsche Stimme aus dem Hintergrund: »Fräulein, kommen Sie mal!« Die Serviererin verschwand, und unsere Stimmung bekam einen Dämpfer.

Wir warteten, bestellten dann und bekamen nach kurzer Zeit den Kaffee und ein Kännchen Tee. Doch das Teesäckchen in der Kanne war kaum vom Wasser bedeckt und das Kaffeekännchen gerade halb voll. Als wir verwundert nachfragten, erklärte uns die Serviererin, daß das genau zwei Tassen seien, mehr Wasser dürfe sie nicht aufgießen. Sie müsse auf die Kosten achten.

Am Tresen suchten wir den Kuchen aus, gut beraten von der freundlichen Frau, die uns begrüßt hatte. In unser Gespräch über die Vorzüge der verschiedenen Gebäcke platzte die Kommandostimme. Wem auch immer sie gehörte, der Chefin oder einer mißgelaunten Kollegin – sie unterbrach uns, und wir flohen an unseren Tisch.

Die Stimmung war hin. Wir aßen unseren Kuchen, zahlten und gingen.

Was hat diese Szene im Caféhaus mit der Qualitätsdebatte in Kindertagesstätten zu tun? Sie zeigt, daß es nicht nur der leckere Kuchen ist, der ein Café auszeichnet. Eine angenehme Atmosphäre, angemessene

Preise, sachkundige, freundliche und zügige Bedienung – all das zusammen erst bewirkt, daß der Besuch in guter Erinnerung bleibt.
In gleicher Weise bestimmen verschiedene Faktoren die Qualität der Betreuung, Bildung und Erziehung von Kindern. Sie läßt sich nicht auf die Ästhetik der von Kindern gestalteten Räume reduzieren. Qualität ist kein objektiver Begriff. Sie umfaßt einen komplexen Zusammenhang, der ständigem Wandel unterliegt und durch diejenigen, die ihn bestimmen, immer wieder neu definiert wird.
Zur Qualitätsbeschreibung und -entwicklung gehören folgende Elemente:
Die Strukturqualität, die die Art und Größe der Einrichtung beinhaltet, die Anzahl der Mitarbeiter, die räumliche und materielle Ausstattung sowie Entscheidungsstrukturen.
Die Prozessqualität, die die Art und Weise beschreibt, wie Dienstleistungen erbracht werden, wie sich die Mitarbeiterinnen den Eltern und Kindern gegenüber verhalten, wie Qualitätsziele benannt und Abläufe organisiert werden, ob und wie Mitarbeiterinnen qualifiziert werden.
Die Orientierungsqualität, in die allgemeine Vorstellungen über Erziehung, Erziehungsziele und Bewertung von Erziehung einfliessen.
Alle genannten Qualitätselemente beeinflussen letztlich die Ergebnisqualität. Sie beinhaltet die Zufriedenheit von Eltern, Kindern und Mitarbeiterinnen, die Finanzierbarkeit der Einrichtung und ihre weitere existenzielle Absicherung.

Als Organisationsberaterin gehe ich in Sachen Qualität folgendermaßen vor: Mit der jeweiligen Organisation oder Einrichtung, mit möglichst vielen Beteiligten suche ich das für sie passende Konzept zur Qualitätsentwicklung. Es wird ihnen also nicht übergestülpt, entsteht nicht losgelöst von systematischer Personalentwicklung, sondern es entfaltet sich Schritt für Schritt und wird von Vertretern unterschiedlicher Hierarchieebenen gemeinsam entwickelt.
Unser Ziel ist ja nicht, daß ein völlig erschöpftes Team das Thema Qualitätsentwicklung am Ende abhaken und vergessen kann. Nein, das gemeinsam entwickelte Vorgehen soll in realistischen Schritten, orientiert an exemplarischen pädagogischen Schlüsselsituationen, umgesetzt und regelmäßig von allen Beteiligten, auch den Eltern, überprüft werden.

Diese Arbeitsweise trägt den Charakter einer Werkstatt. Sie setzt nicht darauf, eherne Wahrheiten zum Gesetz zu erheben und sie ein für allemal festzuschreiben. Vielmehr versucht sie, einen Prozeß zu beschreiben und ihm eine Entwicklungsrichtung zu geben, nachvollziehbar, kontrollierbar und von allen getragen. Eine Arbeitsweise also, die auf Dialog und Beteiligung fußt – wie das Vorgehen in einer Werkstatt, in der jeder seinen Beitrag zum Gelingen des Produkts leistet, der Meister ebenso wie die Gesellen, Lehrlinge und selbst die Kunden, die ihre Wünsche und Bedürfnisse äußern.

Der in diesem Buch beschriebene Prozeß von Qualitätsentwicklung vollzieht sich seit Anfang 1996 im Berliner Bezirk Reinickendorf. Er umfasst alle 60 kommunalen Kindertagesstätten, in denen zur Zeit etwa 8000 Kinder im Alter zwischen zwei Monaten und zehn Jahren von zirka 1200 Erzieherinnen überwiegend ganztägig betreut werden.
Von der Festlegung pädagogischer Qualitätskriterien über die Einführung der Qualitätsstandards in sämtliche kommunalen Kitas bis hin zu Elternbefragungen und regelmäßigen Qualitätsüberprüfungen stehen das Gespräch und der fachliche Austausch im Mittelpunkt. Immer sind grundsätzlich alle Beteiligten einbezogen, Eltern wie Erzieherinnen, Kitaleiterinnen wie die Vertreter der Träger. Über Beteiligungsmodelle für Kinder wird gegenwärtig nachgedacht.

Ergebnis unserer dreijährigen Bemühungen: Erkennbar ist, daß sich die Qualität der pädagogischen Arbeit in den betreffenden Kindertagesstätten deutlich beschreiben läßt und daß die Erzieherinnen die Beziehungen mit den Kindern sowie die Angebote motivierter und professioneller gestalten. Eltern beteiligen sich an der Qualitätssicherung, und Kitaleiterinnen verändern ihre Rolle in der Personalführung hin zu mehr Teamentwicklung. Natürlich begleiteten auch Schwierigkeiten diesen Prozeß. Es wird die Rede davon sein.

Ich habe unsere Erfahrungen aufgeschrieben, weil ich mir wünsche, daß dieses Werkstatt-Buch alle Erzieherinnen und Kita-Leiterinnen, die nach einem gangbaren, die Beteiligten nicht überfordernden Weg suchen, ermutigen und anregen möge. Träger von Kindertageseinrichtungen finden Hinweise, wie Kitaentwicklung, konkret auf die pädagogische Arbeit bezogen, aussehen kann. Fachberaterinnen erhalten in einem separaten Teil Ratschläge für die Begleitung solcher Prozesse.
Daß das beschriebene Vorgehen nicht in all seinen Schritten auf jeden Träger anzuwenden ist, das versteht sich von selbst.

Jede Organisation – ob Kommune, AWO, Kirchengemeinde oder Trägerverein – hat ihre eigenen Strukturen und Gesetzmäßigkeiten, Ziele und Rahmenbedingungen, die bei einem Qualitätsentwicklungsprozess individuell zu berücksichtigen sind.
Um das Lesen zu erleichtern, habe ich ausschließlich die weibliche Form für die Berufsbezeichnungen Erzieherin und Leiterin gewählt. Eine Ent-

scheidung, die ich für gerechtfertigt halte, da nach wie vor wenige Männer in diesen Berufen tätig sind.

Mein Dank gilt allen »qualitätsinfizierten« Kolleginnen, Eltern und Trägervertretern aus Berlin-Reinickendorf, ohne deren Ideen und Engagement das Buch nicht entstanden wäre, sowie meinen Freundinnen Christine und Margarita, deren kritische und konstruktive Anregungen in das Buch eingeflossen sind. Ganz besonders danke ich Andrea, ohne die ich sicherlich nicht den Mut gefunden hätte, einen solch umfangreichen Prozess zu initiieren, und meiner Supervisionsgruppe in der Organisationsentwicklungs-Ausbildung, die den Werkstattverlauf über weite Strecken begleitete und fachlich unterstützte.

Ulrike Ziesche Berlin, im März 1999

Warum die Werkstatt entstand

Pädagogische Qualitätsstandards für Kindertageseinrichtungen zu erarbeiten und Verfahrensweisen zu entwickeln, mit denen sie zuverlässig in pädagogisches Handeln umgesetzt werden können – so ein Vorhaben entsteht nicht ohne einen intensiven gedanklichen Vorlauf, der in diesem Kapitel dargestellt werden soll.
Den Hintergrund des Vorhabens bildeten Entwicklungen, die widerspiegeln, daß sich sozialpädagogische Arbeitsbereiche, heute mehr als je zuvor, für die Qualitätsdiskussion öffnen müssen. Ähnliche Entwicklungen wirken sich mittlerweile überall in Deutschland auf den Kindertagesbetreuungsbereich aus.

Die Verwaltungsreform in Berlin

Seit 1994 befindet sich die Berliner Verwaltung, wie Verwaltungen in vielen anderen deutschen Städten und Gemeinden, in einem umfangreichen Reformprozess. Anliegen der Reform ist es unter anderem, die Dienstleistungen der öffentlichen Verwaltung effektiver, kostengünstiger und mit stärkerer Kundenorientierung anzubieten. Zu den Reformelementen in Berlin – wie andernorts – gehören:

- **Dezentrale Fach- und Ressourcenverantwortung**
Auflösung der verkrusteteten Amtshierarchie und Schaffung von weitgehend eigenverantwortlich arbeitenden, schlanken Dienstleistungsbereichen mit eigener Budgetverantwortung

- **Einführung der Kosten-Leistungsrechnung**
Sukzessive Auflösung der herkömmlichen Haushaltsordnung und der Übergang zu einem Haushaltssystem, wie es in Unternehmen der freien Wirtschaft vorherrscht: der Kosten- und Leistungsrechnung

• **Qualitätsmanagement**
Erstmalig werden in der Öffentlichen Verwaltung Dienstleistungen als Produkte definiert. Produktqualität wird beschrieben, ihr Zustandekommen wird unter qualitativen Aspekten betrachtet, und die Kundenorientierung wird in den Mittelpunkt qualitativer Prozesse gerückt.

• **Personalmanagement**
Das Personal der Öffentlichen Verwaltung wird als wichtige Ressource entdeckt. Es soll in die Lage versetzt werden, die Dienstleistungen flexibel, qualifiziert und engagiert zur Verfügung zu stellen. Dazu gehören auch neue Personalführungsmodelle.

Mit der Verwaltungsreform entsteht im Kindertagesstättenbereich die Chance, die oben beschriebenen Reformelemente kreativ zu übertragen. Zwar gehören die Kindertagesstätten nicht zu den klassischen Verwaltungsbereichen, in ihrer Kultur sind sie jedoch vielfach stark von der Verwaltung geprägt. Deshalb entstand das in diesem Buch dargestellte Vorhaben nicht zuletzt vor dem Hintergrund einer angestrebten Verwaltungsvereinfachung. Die Weiterentwicklung pädagogischer Qualität in Kindertagesstätten umfasst hingegen die Bereiche Personal- und Qualitätsmanagement und brachte eine Reihe neuer Fragestellungen mit sich. Neu im Kindertagesstättenbereich sind Fragen wie:

> In welcher Qualität bieten Kindertagesstätten Tagesbetreuung für Kinder an?
> Wie läßt sich die pädagogische Arbeit unter qualitativen Aspekten beschreiben, sichern und weiterentwickeln?
> Wie sind Eltern als Kunden in die Qualitätsentwicklung einzubeziehen?

Solche Fragen konnten vor dem Hintergrund der Verwaltungsreform legitim gestellt werden und stießen auf das Interesse reformwilliger Politiker und Vorgesetzter. Entscheidend für das Vorhaben war und ist jedoch, daß die Berliner Verwaltungsreform vom Kitabereich aufgegriffen wurde und nicht umgekehrt. Es handelt sich also in unserem Falle um eine Reform von unten und nicht um eine von der Obrigkeit verordnete.
Zwar war der Rahmen für die Reform vorgegeben, aber ihre Ausgestaltung oblag dem Kindertagesstättenbereich selbst, wurde also nicht von übergeordneten Verantwortlichen angewiesen. Eine Chance, die sich überall dort bietet, wo sich Kommunen oder freie Träger mit Reformen befassen, die in den jeweiligen Arbeitsbereichen Beschäftigten jedoch

auf eigene Gestaltungsmöglichkeiten bestehen. Dies gilt nicht allein für den Bereich der Kindertagesbetreuung, sondern durchaus auch für andere Gebiete.
Die Mitarbeiterinnen der Kitaberatung in Berlin-Reinickendorf machten sich schon früh mit den Elementen der Verwaltungsreform vertraut. So konnten sie mit ihren Kenntnissen verschiedene Projekte im Kitabereich initiieren und ihre Umsetzung begleiten, darunter auch das Werkstatt-Vorhaben »Qualitätsentwicklung in Kindertagesstätten«.

Das Phänomen der Beliebigkeit

Seit einigen Jahren beschäftigt Kitaberaterinnen zunehmend das Phänomen der Beliebigkeit. Zum Stichwort »beliebig« vermerkt der »Wahrig«, das Deutsche Wörterbuch, folgende Worterklärung: »irgendein, nach Wunsch, nach Wahl«. Beliebigkeit zu erkennen und als Problem zu thematisieren – nicht zuletzt diese Sicht führte dazu, daß wir die Qualitätsdebatte frühzeitig zur Kenntnis nahmen und uns damit auseinandersetzten.

Symptome der Beliebigkeit werden viele Leserinnen aus eigener Erfahrung kennen. Sie sind überall zu entdecken: Beliebigkeit in der Beratung, in der Qualifizierung, in der pädagogischen Arbeit mit Kindern, in der Beziehungsgestaltung zwischen Erwachsenen, aber auch zwischen Erwachsenen und Kindern, in der Anerkennung pädagogischer Leistungen – um nur einige Beispiele zu nennen.
Darüber hinaus findet Beliebigkeit ihren Ausdruck auch in unklaren Zielen. Das heißt zum Beispiel, verschiedene Menschen beurteilen unsystematisch, ohne Einigungsprozeß und ausschließlich subjektiv, was sie für gut halten. Ebenso gibt es kaum Aussagen darüber, was schlechte Arbeit ist. So bestimmen beispielsweise Erzieherinnen in vielen Kitas ganz allein über ihren Beratungs- und Fortbildungsbedarf. Das führt dazu, daß manche Kolleginnen seit dem Abschluß ihrer Ausbildung trotz sich verändernder Anforderungen an keiner Qualifizierungsmaßnahme mehr teilgenommen haben.
Fehlen Orientierung, regelmäßige Auseinandersetzung mit der eigenen Arbeit und die Anerkennung für Geleistetes, ist die Gefahr groß, daß Engagement und Freude an der Arbeit, fachliche und persönliche Ressourcen verkümmern oder nur mit sehr großer individueller Kraftanstrengung aufrechtzuerhalten sind.

In meiner Beratungstätigkeit erlebe ich immer wieder, wie unzufrieden Erzieherinnen mit ihrem Beruf sind. Dies ist sicherlich auch auf das

Phänomen der Beliebigkeit zurückzuführen. Eine stärkere Zielorientierung, die regelmäßige Überprüfung gemeinsam vereinbarter Ziele und die Beschreibung von Qualitätsmerkmalen bieten Möglichkeiten, dem Phänomen der Beliebigkeit wirksam entgegenzutreten.

Zusammenarbeit von Erzieherinnen aus Ost und West

Uns Berliner Fachberaterinnen für Kindertagesstätten fallen die Folgen der Veränderungen im Erzieherbereich, die sich in den letzten zehn Jahren vollzogen, deutlich auf. In Berlin, insbesondere in einigen westlichen Stadtbezirken, sind fast ebenso viele Erzieherinnen beschäftigt, die ihren Berufsabschluß in der DDR erwarben, wie jene, die ihre Ausbildung in den alten Bundesländern oder in Westberlin absolvierten. Vor diesem Hintergrund bekommt die Qualitätsdebatte eine zusätzliche Bedeutung, weil gemeinsame fachliche und konzeptionelle Grundlagen für die pädagogische Arbeit fehlen, aber unbedingt entwickelt werden müssen.
In Reinickendorfer Kindertagesstätten treffen Erzieherinnen aus mindestens zwei Ausbildungssystemen aufeinander – die unterschiedlichen Fachausbildungen in der DDR nicht berücksichtigt –, die ihre inhaltlichen Grundlagen, ihr Bild vom Kind, ihre Bewertung von Situationen vor dem Hintergrund völlig verschiedener gesellschaftlicher Systeme erworben haben.

Das gesellschaftliche Klima in der Nachwendezeit trug nicht gerade zu einer differenzierten inhaltlichen Auseinandersetzung in den Kitas bei. »Anpassungsfortbildungen« für Erzieherinnen aus dem Osten machten deutlich, wohin es pädagogisch gehen sollte. Allerdings führten diese Fortbildungen dazu, daß sich die in der DDR ausgebildeten Erzieherinnen auf der Grundlage ihrer beruflichen Erfahrungen ausführlich mit westlichen pädagogischen und psychologischen Inhalten befassten und dadurch gut erkennen konnten, ob bestimmte Konzepte bei ihren Kolleginnen aus dem Westen tatsächlich handlungsleitend wirkten oder nicht. Die mitunter geringen Verbindlichkeiten in der pädagogischen Arbeit, manchmal zusätzlich mit hohen Reibungsverlusten verbunden, die aus unproduktiven Diskussionen über das, was gut oder besser sei, resultierten, empfanden viele Erzieherinnen aus dem Osten – wie übrigens auch eine Reihe ihrer Westkolleginnen – als fachlich kaum überzeugend. Da es an differenzierter fachlicher Austauschkultur mangelte, wurden Auseinandersetzungen nicht selten eher subjektiv und emotional geführt und wirkten dadurch belastend und demotivierend.

Ergebnis: Rückzug in die Kindergruppe, in die Gemeinschaft gleichgesinnter Kolleginnen, mit denen es sich entspannter zusammenarbeiten ließ. Die fachlich orientierte Auseinandersetzung von Erzieherinnen blieb auf der Strecke. Doch sie ist notwendig, um in Kindertagesstätten zu gemeinsamen Bezugspunkten und Zielen zu kommen. Dies gilt auch für relativ homogen zusammengesetzte Teams.
Die Auseinandersetzung um gemeinsame Bezugspunkte und Ziele hat nichts zu tun mit der Normierung von Pädagogik – ein berechtigterweise heikles Thema. Sie schafft die Voraussetzungen, um bestimmte pädagogische und psychologische Aussagen als verbindliche Grundlagen anzuerkennen, an denen sich pädagogisches Handeln orientiert. In welcher Weise die Qualitätsstandards hier tatsächlich hilfreich sind, darauf wird noch zurückzukommen sein.

Konkurrenz um Eltern

Der im Zusammenhang mit der Abtreibungsdebatte von der Bundesregierung verabschiedete Rechtsanspruch eines jeden Kindes auf einen Kindergartenplatz führte zum massiven Ausbau von Kindergartenplätzen. Im Bereich der Tagesbetreuung sind Berliner Kinder mittlerweile gut versorgt. Die gleiche Situation herrscht inzwischen auch in einigen anderen Regionen Deutschlands, inbesondere was die Betreuung von Kindergartenkindern im Alter von drei bis sechs Jahren anbelangt.
Im Ostteil Berlins stehen für alle Altersstufen ausreichend Plätze zur Verfügung. Die zurückgehenden Geburtenzahlen führten in den vergangenen Jahren sogar zu einem Überangebot und damit einhergehend zu deutlichem Platzabbau. Auch im Westteil der Stadt ist die Versorgung mit Plätzen für Kinder im Kindergartenalter in den letzten Jahren gesichert; im Krippen- und Hortbereich gibt es nach wie vor eine leichte Unterversorgung.

Bis vor einiger Zeit waren Eltern in Westberlin froh, überhaupt eine Tagesbetreuung für ihr Kind zu finden. Sie griffen zu und fragten kaum nach Qualität. Heute erkundigen sie sich zunehmend häufiger nach pädagogischen Konzepten, fragen nach, wie die Eingewöhnung ihres Kindes gestaltet wird, wie die Kinder ernährt werden und vieles andere mehr.
Kitas geraten zunehmend in Konkurrenz zueinander, müssen ihre An-

gebote, ihre Leistungen transparent machen und sie »verkaufen«. Steigende Kitakostenbeiträge verstärken das Interesse der Eltern, genau hinzusehen, was sie für ihr Geld geboten bekommen.
Pädagogische Qualitätsstandards, die im Rahmen unserer Werkstatt unter Beteiligung von Eltern erarbeitet wurden, sollen Anhaltspunkte geben, Eltern qualifiziert über das Betreuungsangebot zu informieren und ihnen ihre Entscheidung zu erleichtern.

Personalführung – worauf bezogen?

Für die Qualität des pädagogischen Angebots sind die Kitaleitungen verantwortlich. Das heißt, Qualität ist eine Frage der Personalqualifikation und -entwicklung und damit auch der Personalführung. Doch sind Kitaleiterinnen dafür selbst ausreichend qualifiziert? Dies war ein weiterer Gesichtspunkt, der unsere Überlegungen prägte und zu einer engen Verbindung von Qualitäts- und Personalentwicklung führte.

Leiterinnen von Kindertagesstätten in Berlin-Reinickendorf sind, wie auch andernorts, in der Regel ausgebildete Sozialpädagoginnen oder Erzieherinnen. Die meisten von ihnen arbeiteten mit Kindern, bevor sie ihre Leitungsfunktionen übernahmen. Nun sind sie von der pädagogischen Arbeit freigestellt, zählen also bei der Personalberechnung für die Kinderbetreuung nicht mit. Während ihrer Ausbildung als Erzieherinnen oder Sozialpädagoginnen erhielten Kitaleiterinnen im Normalfall keinerlei Leitungsqualifikation, mußten sich also als Führungskräfte zunächst irgendwie durchwursteln. Und das bei einer durchschnittlichen Mitarbeiterinnenzahl von 20 Personen, was einem kleinen mittelständischen Betrieb entspricht.

Der überwiegende Teil der Kitaleiterinnen in Berlin-Reinickendorf qualifizierte sich jedoch in den vergangenen Jahren speziell für diese Tätigkeit, unter anderem in von der Kitaberatung angebotenen Leitungsfortbildungen und -beratungen. Gerade Personalführungsaspekte wie Gesprächsführung, Konfliktmanagement und Konzeptionsentwicklung mit den Mitarbeiterinnen waren Gegenstand der Qualifizierungen für Kitaleiterinnen.
Eine systematische Personalführung und -entwicklung konnte allerdings nicht aufgebaut werden, weil die Bezugspunkte, beispielsweise die Antwort auf die Frage »Personalführung – mit welchem Ziel?«, weitgehend unklar waren. Personalführung fand also, wie sicherlich fast überall, eher

situationsbezogen statt und war geprägt von der individuellen Fähigkeit der Leiterin, ihre Mitarbeiterinnen zu motivieren und zu unterstützen.

In der Werkstatt »Qualitätsentwicklung in Kindertagesstätten« fand dieser Aspekt besondere Berücksichtigung, weil den Kitaleiterinnen bei der Umsetzung der Qualitätsstandards in die pädagogische Arbeit eine Schlüsselposition zukommt. Kitaleiterinnen führen das erarbeitete Instrumentarium nicht »von oben nach unten« ein, sondern initiieren mit ihren Mitarbeiterinnen einen Qualifikations- und Umsetzungsprozess, an dessen Ende der Abschluß von Zielvereinbarungen und die Einführung eines Qualitätssicherungssystems stehen.
Die Personalführung mit konkreten Zielen, die für alle Beteiligten transparent sind, weil sie sie gemeinsam aufstellten, eine neue Art der Personalentwicklung und -qualifikation wurden im gesamten kommunalen Kindertagesstättenbereich in Reinickendorf eingeführt.

Warum die Qualitätsdebatte jetzt geführt wird

Weshalb steht die Qualitätsdebatte am Ende der 90er Jahre so stark im Mittelpunkt des Interesses von Organisationen, Fachleuten und Wissenschaftlern? Warum wird in den letzten Jahren immer wieder gefragt: Was ist eine gute Pädagogik? Wieso darf man heute in Frage stellen, woran vor zehn Jahren noch niemand gerührt hätte? Ein Blick zurück auf die wissenschaftlichen Paradigmen der letzten Jahrzehnte kann Aufschluß bringen und die Gründe erhellen.

Die folgende Zusammenfassung wurde im Oktober 1997 von Dieter Göschel und Beate Irskens im Rahmen einer Fortbildung für Fachberaterinnen beim Deutschen Verein in Frankfurt am Main vorgetragen. Sie erfasst in Kürze die gesellschaftlichen und politischen Entwicklungen der Nachkriegszeit im Westen Deutschlands und ihren Einfluß auf den momentanen Diskussionsstand in der Qualitätsdebatte.

Von der Nachkriegszeit bis in die 60er Jahre

Nach dem Kriegsende und bis in die 60er Jahre ging es um die Wiederherstellung von »Normalität«, um den Aufbau demokratischer Strukturen in der Gesellschaft. Das Stichwort »re-education« macht deutlich, daß demokratische, aber auch sozialwissenschaftliche »Rücktransporte« aus den USA einen entsprechenden Werteaufbau nach der Zeit des Nationalsozialismus sicherstellen sollten. Demokratisierung in der Politik und neue Inhalte in den Sozialwissenschaften wie zum Beispiel die Gruppenpädagogik bestimmten die wissenschaftlichen Paradigmen der Nachkriegszeit.

Die 60er und beginnenden 70er Jahre

In den 60er und den beginnenden 70er Jahren stand die formale Absicherung dieser Errungenschaften im Vordergrund. Somit bestimmte das Recht in Form von Gesetzen und Verordnungen die wissenschaftlichen Paradigmen dieser Zeit.

Die 70er und beginnenden 80er Jahre

Ein erneuter Wechsel ist in den 70er Jahren zu verzeichnen. Die Ausstattung mit Ressourcen personeller Art, die Aus- und Fortbildung in pädagogischen Bereichen erhielten einen neuen Stellenwert. Konzeptionelle Überlegungen erlebten einen Boom. Pädagogik und Psychologie prägten die wissenschaftlichen Paradigmen der Zeit.

Die 80er Jahre

In den 80er Jahren traten Begriffe wie »neue Fachlichkeit« in den Vordergrund. Expertentum, Kompetenz und Professionalität standen im Mittelpunkt des Interesses. Etwa zeitgleich dominierten Themen wie Parteilichkeit und Lebensweltorientierung die pädagogische Diskussion. Die Sozialwissenschaften bestimmten die pädagogischen Paradigmen der 80er und der beginnenden 90er Jahre.

Die 90er Jahre

Seit etwa 1993 tauchen im inzwischen vereinten Deutschland verstärkt wirtschaftlich geprägte Aspekte in der Pädagogik auf. »Kostenkontrolle«, »Effektivität« und »neue Steuerungsmodelle« sind einige der Begriffe, die diesen erneuten Paradigmenwechsel dokumentieren. Die wissenschaftlichen Paradigmen der 90er Jahre sind von den Wirtschaftswissenschaften geprägt, die somit auch Einfluß auf die pädagogische Diskussion nehmen.

Der kurze Abriß macht deutlich, daß die wissenschaftlichen Paradigmen, die den gesellschaftlichen Wandel widerspiegeln, heute und sicherlich noch einige Zeit stark von den Wirtschaftswissenschaften beeinflußt sind. Dieser Trend brachte die Qualitätsdebatte hervor, nur unter seinem Vorzeichen konnte der nötige gedankliche Vorlauf geschaffen werden. Was noch vor zehn Jahren nicht denkbar gewesen wäre, hat jetzt eine Chance: Die Pädagogik bedient sich der Wirtschaftswissenschaften und entwickelt integrative Konzepte, die sozialpädagogische Arbeitsbereiche qualitativ voranbringen.
Deutlich wird auch, daß es heute nicht mehr darum gehen muß, Pädagogik grundlegend neu zu denken. Dazu sind insbesondere in den 70er und 80er Jahren vielfältige brauchbare Ansätze und Konzeptionen entwickelt worden, und nach wie vor regen Rückgriffe auf die Reformpädagogik durchaus an.

Das Rad muß also nicht neu erfunden werden. Es geht wohl mehr darum, es effektiver und zuverlässiger als bislang möglich rollen zu lassen und genauer zu überlegen, was denn das Ziel der Reise sein soll. Und nicht zuletzt interessiert, was ein Rad kostet, mit dem man das Ziel der Reise erreichen kann. Oder wenigstens die nächsten, absehbaren Etappen.

■ Ziele der Werkstatt

Mit der Werkstatt ist das Ziel verbunden, ein Qualitätssicherungssystem für einen Kitabereich mit mehr als 1200 pädagogischen Mitarbeiterinnen in 60 kommunalen Kitas aufzubauen. Dies soll einerseits der Beliebigkeit in der Pädagogik eine konkrete Zielorientierung entgegensetzen, andererseits den Erzieherinnen nicht nur weiterhin ausreichende Gestaltungsräume ermöglichen, sondern darüber hinaus die an der jeweiligen Kitasituation orientierte Ausgestaltung sichern helfen. Dabei wird die bisher vorhandene Qualität pädagogischer Arbeit in Kindertagesstätten als Grundlage systematischer Qualitätssicherung berücksichtigt.

Aufbau eines Qualitätssicherungssystems

Erzieherinnen kümmern sich seit vielen Jahren, mitunter seit Jahrzehnten, nicht nur darum, die ihnen anvertrauten Kinder gut zu versorgen. Sie machen den Kindern Beziehungsangebote, die ihnen Sicherheit, Orientierung und Zuwendung geben. Sie achten die Kinder in ihrer Persönlichkeit, mit ihrem sozialen Hintergrund und ermöglichen ihnen soziale Kontakte und Erfahrungen. Sie vermitteln Kulturtechniken und bieten ein anregungsreiches Lernklima, in dem die Kinder spielerisch ihre vielfältigen Interessen und Fähigkeiten entdecken, erproben und entwickeln können. Elemente verschiedener pädagogischer Konzepte, darunter der Situationsansatz, die Pädagogik Emmi Piklers und verschiedene Modelle der Wahrnehmungspädagogik, fließen in pädagogisches Handeln ein. Daneben ist pädagogisches Handeln von einem Komplex individuell erworbener Kenntnisse und Haltungen geprägt, die wir in unserem gesellschaftlichen Kontext, in der Ausbildung und Berufspraxis erwarben. Auch die in der eigenen Sozialisation geprägten Einstellungen und erworbenen Wertmaßstäbe beeinflussen das Bild vom Kind und das Menschenbild.

Diese Einflußfaktoren bestimmen maßgeblich die Qualität pädagogischen Handelns mit. Sie werden auch als Orientierungsqualität bezeichnet.[1]

Konkrete pädagogische Arbeit prägt sich also unterschiedlich aus. Schon innerhalb einer Kindertagesstätte werden unter Umständen mehrere pädagogische Konzepte gelebt. Ein Blick auf die Reinickendorfer kommunale Kindertagesstättenlandschaft mit 60 Kitas läßt eine Vielzahl von Unterschieden erkennen.
Zum einen setzen sich die Gruppen unterschiedlich zusammen: Es gibt altershomogene Gruppen und Gruppen mit Altersmischung, die vom Krippenalter bis ins Hortalter reicht. Zum anderen wird die Arbeit in verschiedenen Öffnungsgraden der Gruppen geleistet. Da findet sich die traditionell arbeitende Gruppe; es gibt die halboffene Arbeit zwischen zwei Gruppen oder die offene Arbeit auf einer Etage. Und schließlich existieren unterschiedliche Einstellungen gegenüber Kindern, gegenüber pädagogischen Fragestellungen und Zielen.
Darüber hinaus wirken sich alle strukturellen Konzepte auf den pädagogischen Alltag aus. Beispielsweise erfordern sie ein unterschiedliches Maß an Kooperation Erwachsener, und sie bieten Kindern völlig unterschiedliche Lernerfahrungen.
Weitere Unterschiede werden durch die Kinder gesetzt. Die Kinder kommen mit verschiedenen Vorerfahrungen und Bedürfnissen in die Tagesstätte, und auch ihre Eltern hegen verschiedene Erwartungen – nicht nur in einem solchen Ballungsraum wie Berlin, wo in einem Stadtbezirk wie Reinickendorf Familien des gehobenen Mittelstands, die in Einfamilienhäusern wohnen, auf Familien aus Sozialwohnungen in Hochhausgebieten treffen, in denen der Anteil ausländischer Mitbürger hoch ist. Manche Kinder bleiben bis zu zwölf Stunden in den Einrichtungen, andere werden nur halbtags betreut. All diese Unterschiede müssen in das jeweilige pädagogische Angebot einfließen können.

Es kann also nicht darum gehen, jedweden Unterschied im pädagogischen Angebot zu egalisieren. Für die Kinder sollen vielmehr möglichst optimale Betreuungsformen angeboten werden, die auch fachlich zu vertreten sind. Sie sollen nicht beliebig im Sinne von zufällig oder willkürlich gestaltet sein, sondern sich an verbindlichen Qualitätsaussagen orientieren. Deshalb ist es nötig, für bestimmte Schlüsselsituationen pädagogischen Handelns wie die Eingewöhnung von Kindern oder die

[1] Vgl.: Tietze (Hrsg.): Wie gut sind unsere Kindergärten? S. 22

Gestaltung von Versorgungssituationen die mindestens zu gewährleistende Qualität zu beschreiben und Qualitätsziele zu definieren.[2]
Um eine Qualitätssicherung für diese Situationen aufzubauen, müssen Qualitätsmerkmale und Qualitätsziele so beschrieben werden, daß ihre Umsetzung meßbar wird.

Das Qualitätssicherungssystem besteht aus folgenden Elementen:

1. Eine selbst erarbeitete Bewertungsskala von 1 bis 7. Für jedes pädagogische Thema ist darin ein Qualitätsziel (Standard 7) und eine mindestens zu gewährleistende Betreuungsleistung (Standard 1) beschrieben.

2. Regelmäßige Zielvereinbarungen zwischen der Kitaleiterin und den Erzieherinnen sowie zwischen den einzelnen Kitaleitungen und dem Träger.

3. Die Einführung einer systematischen Zielüberprüfung im Sinne einer Selbstevaluation und einer kollegialen Evaluation.

4. Eine regelmäßige Befragung der Eltern, die klären soll, wie zufrieden sie mit dem Angebot der Erzieherinnen waren oder sind.

Neben der Beschreibung von pädagogischen Qualitätskriterien und einer gezielten Umsetzung der Qualitätsstandards interessiert Träger und Zuwendungsgeber immer stärker, welche Qualität für welchen Preis zu haben ist. Auch in diesem Falle schafft Qualitätssicherung die Voraussetzung dafür, die Qualität der Betreuungsleistung unmittelbarer und genauer zu beschreiben. Sie verdeutlicht zudem, welche Ressourcen in bezug auf Personal, Qualifikationen, räumliche und materielle Ausstattung notwendig sind, um einen bestimmten Qualitätsstandard beizubehalten oder zu erreichen, und ermöglicht somit auch Aussagen zum Verhältnis von Kosten und Leistungen. Die Frage, welche Qualität wieviel kostet, wird in absehbarer Zeit also tatsächlich beantwortet werden können.

---

[2] Der Begriff Schlüsselsituation meint hier Situationen, die Kinder erleben, unabhängig davon, welche pädagogischen Schwerpunkte sich die Einrichtung setzt.

Qualitätsentwicklung in der Pädagogik von Kindertagesstätten

Systematische Weiterentwicklung von Qualität, bezogen auf alle Kindertagesstätten, gab es bislang nicht. Ein Grund dafür war, daß keine verbindlichen Bezugspunkte für Qualität existierten. Sind pädagogische Qualitätsstandards jedoch vorhanden, kann die derzeitige Qualität pädagogischer Arbeit nicht nur beschrieben werden, ihre Weiterentwicklung wird angeregt.

Doch zunächst ein Blick darauf, wie sich die Qualität pädagogischer Arbeit entwickelte:
Diese Entwicklung war bisher ein vom individuellen Engagement abhängiger Prozess. Besonders engagierte Erzieherinnen, die sich in Fortbildungen qualifizierten oder mit ihren Kolleginnen den regelmäßigen fachlichen Austausch pflegten, trieben die Qualität ihrer pädagogischen Arbeit voran. Leitungen von Kindertagesstätten sorgten zum Teil sehr engagiert für regelmäßige Qualifizierung ihrer Mitarbeiterinnen oder des gesamten Teams.
Was für gute Qualität gehalten wurde, prägte die pädagogischen Konzeptionsbesprechungen in den Kindertagesstätten, wobei nicht selten sehr persönlich vorgetragene Meinungen aufeinandertrafen. Der folgende Disput soll diesen Sachverhalt verdeutlichen. Die Ausgangssituation: Es geht darum, ob ein dreijähriges Kind, das noch nicht »sauber« ist, in die Kindergartengruppe wechseln darf.

Erzieherin A.: »Ich finde, wenn ein Kind mit drei Jahren noch nicht sauber ist, muß man sich fragen, ob die Krippe oder die Eltern etwas versäumt haben.«

Erzieherin B.: »Das sehe ich aber anders. Die Kinder werden von alleine sauber, ohne unser Zutun. Ich bin der Meinung, wir sollten das Mädchen aufnehmen.«

Erzieherin C.: »Das finde ich aber schwierig! Man muß ein Kind an das Sauber-Werden heranführen, und das ist normalerweise bis zum dritten Geburtstag zu schaffen. Diese zusätzliche Arbeit können wir uns im Kindergarten nicht auch noch aufhalsen.«

Eine Mischung aus Erfahrungen, Gelerntem und persönlichen Meinungen prägt diesen Dialog. Was fehlt? Die gemeinsame Auseinandersetzung mit der Entwicklung und der Situation des Kindes:

Wie ist das Kind insgesamt entwickelt?
Ist das »Nicht-sauber-Sein« auf gelegentliches Einnässen bezogen?
War das Kind schon »sauber« und nässt erst seit kurzem wieder ein?
Wie ist seine Lebenssituation?
Wie ist seine Situation in der Krippengruppe?

Fehlt Sachkenntnis – im obigen Dialog deutlich erkennbar daran, daß keine der drei Erzieherinnen sich auf Kenntnisse über Sauberkeitsentwicklung von Kindern bezieht –, führt das zu unprofessionellen Entscheidungen, verführt zu »Einigungen«, die fachlich nicht fundiert und deshalb nicht sinnvoll sind. Vermutlich fällt die Gruppe der Erzieherinnen am Ende in »Gewinnerin« und »Verliererinnen« auseinander; womöglich vergiften gegenseitige Schuldzuweisungen das Klima, und die erreichte »Qualität« ist dem Zufall geschuldet.
Um Qualität zu sichern, sind gemeinsam akzeptierte, fachliche Bezugspunkte notwendig. Von diesen ausgehend, kann Qualität weiterentwikkelt werden. Jedoch nicht in beliebige Richtungen, sondern in Bezug auf ein anzustrebendes Qualitätsziel. Setzen sich Erzieherinnen mit selbst entwickelten Bewertungsskalen, mit Selbsteinschätzungen und Zielvereinbarungen auseinander, wird ein Qualitätsentwicklungsprozess in Gang gesetzt, der für alle pädagogischen Mitarbeiterinnen handlungsleitend wird, unabhängig davon, in welcher Kindertagesstätte, Gruppe oder Einheit sie arbeiten.

Personalentwicklung und -qualifizierung in Kindertagesstätten

Denkbar wäre es, ein Qualitätssicherungs- und Qualitätsentwicklungssystem am »grünen Tisch« von Experten oder Wissenschaftlern erarbeiten zu lassen. Wer sonst sollte bessere, an den neuesten pädagogischen und psychologischen Erkenntnissen ausgerichtete Aussagen zur Qualität pädagogischer Prozesse treffen können?
Bisher gelang es jedoch nicht, die auf diese Weise entstandenen Handlungskonzepte – genannt sei hier exemplarisch der Situationsansatz – trotz ihrer kaum bestrittenen Qualität in eine Handlungsverbindlichkeit für Erzieherinnen umzusetzen. Warum? Handlungskonzepte müssen von

denjenigen, die sie umsetzen sollen, akzeptiert, besser noch von ihnen selbst (nach-)entwickelt werden.
Eine an Qualitätsstandards orientierte Personalqualifizierung setzt voraus, daß sich jede Erzieherin vor dem Abschluß von Zielvereinbarungen intensiv mit dem jeweiligen Thema auseinandersetzt. Diesen Qualifizierungsprozeß sollen Kitaleiterinnen zukünftig mit ihren Mitarbeiterinnen in Angriff nehmen und zum jeweiligen Abschluß bringen. So werden sie zu Team-Entwicklerinnen.

In Fortbildungen und Dienstbesprechungen haben sich überall in Deutschland Teams von Kindertagesstätten mit der Entwicklung von Haus- und Gruppenkonzeptionen befasst. Es wurden Aussagen und Anhaltspunkte entwickelt, die Mitarbeiterinnen und Eltern Orientierung zur Gestaltung der pädagogischen Arbeit in der jeweiligen Kindertagesstätte gaben.
Wie die in mühevoller Arbeit zu Papier gebrachten Konzeptionen anschließend umgesetzt wurden, das war allerdings oft dem Zufall überlassen. Viele Teams waren froh, ein vorzeigbares »Produkt« aus dem Boden gestampft zu haben, und lehnten sich erst einmal zurück.
Auch wenn die auf dem Wege der Erarbeitung durchgestandenen Diskussionen nicht ohne kurzzeitige Wirkung auf das pädagogische Handeln blieben – der Alltag kehrte wieder ein. Nach einigen Monaten konnten sich manche Erzieherinnen schon nicht mehr an bestimmte Inhalte erinnern, mußten die Konzeption erst aus der Schublade hervorkramen und nachlesen, was sie erarbeitet hatten. Kamen neue Mitarbeiterinnen in die Einrichtungen, drückte man ihnen das schön gestaltete Konzeptionspapier in die Hand, woraufhin es dann auch schnell wieder in einer Schublade versank.
In anderen Kindertagesstätten griffen die Leiterinnen konzeptionelle Inhalte von Zeit zu Zeit auf, diskutierten sie mit ihren Mitarbeiterinnen aufs Neue und aktualisierten sie gegebenenfalls. Trotz des unbestreitbaren Qualifizierungsgewinns, den die meisten Erzieherinnen im Zuge der Konzeptionsentwicklung erfuhren, blieb ihre professionelle Weiterentwicklung dennoch fragmentarisch, unsystematisch und also beliebig. Wichtige Fragen wurden nicht gestellt oder blieben unbeantwortet.
Fragen wie diese:

> Leiste ich gute Arbeit?
> Wie setze ich bestimmte Konzeptionsinhalte tatsächlich um?
> Wie kann ich die Qualität meiner Arbeit weiterentwickeln?
> Wie kann ich meine Stärken und Schwächen erkennen?

Die Beurteilungsbögen, die Leiterinnen von Zeit zu Zeit ausfüllen müssen, beinhalten keine kita-spezifischen oder pädagogischen Bewertungen, so daß auch hier keine befriedigenden Antworten zu finden waren oder sind.
Solche eher unerfreulichen Erfahrungen führten in der beschriebenen Werkstatt zur Formulierung der Ziele für die Entwicklung und Umsetzung pädagogischer Qualitätsstandards in Kindertagesstätten, und zwar im Hinblick auf systematische Personalentwicklung und -qualifizierung :

1. Regelmäßige Qualifizierung
Personalentwicklung konzentriert sich im Kindertagesstättenbereich auf die regelmäßig notwendige Qualifizierung der Erzieherinnen und Leiterinnen zur ständigen Auseinandersetzung mit sich verändernden, die pädagogische Arbeit bestimmenden Bedingungen.

2. Beteiligung sichern
Personalentwicklung erfordert die Beteiligung jeder pädagogischen Mitarbeiterin. Jede Erzieherin muß am Prozeß der Umsetzung pädagogischer Qualitätsstandards unmittelbar beteiligt werden.

3. Zielvereinbarungen abschließen
Pädagogische Zielvereinbarungen, die von den Erzieherinnen eigenständig erarbeitete und mit der Leitung abgestimmte Umsetzungsmaßnahmen beinhalten, sind Grundelemente der Qualitäts- und Personalentwicklung. Sie werden später durch das jährlich stattfindende Mitarbeiter-Vorgesetzten-Gespräch ergänzt.

4. Leiterinnen als Team-Entwicklerinnen
Leiterinnen kommt eine besondere Verantwortung bei der Umsetzung der pädagogischen Qualitätsstandards zu. Sie müssen sich dafür inhaltlich und methodisch qualifizieren. Leiterinnen verändern und ergänzen ihr traditionelles Leitungshandeln, werden zu Team-Entwicklerinnen in ihren Kindertagesstätten.

Werkstatt-Überblick

Der folgende Überblick soll einen Gesamteindruck von der Werkstatt vermitteln. Einige der Arbeitsprinzipien können auf ähnliche Reformvorhaben übertragen werden, wobei die jeweiligen trägerspezifischen Besonderheiten konzeptionell berücksichtigt werden müssen.
Die unter Gesichtspunkten der Organisationsentwicklung konzipierte Werkstatt setzt sich aus verschiedenen Elementen zusammen, die dazu beitragen, daß Qualitätsentwicklung im Kindertagesstättenbereich zugleich als Personalqualifizierungs- und entwicklungsprozeß stattfindet. Dazu gehören die folgenden Bausteine:

Bausteine der Werkstatt

die Steuerungsgruppe
der Erstellungsprozeß pädagogischer Qualitätsstandards
der Informationstransfer in die Kitas
der Umsetzungs- und Qualifizierungsprozeß
die Begleitung durch Fach- oder Kitaberatung

Die Steuerungsgruppe

Die Werkstatt zur Qualitätsentwicklung in Kindertagesstätten wird von einer Steuerungsgruppe geplant und koordiniert. Diese Gruppe umfaßt derzeit zehn Personen, unter ihnen Erzieherinnen, Leiterinnen, eine Elternvertreterin und ein Vertreter des Fachamts. Die Leitung der gesamten Werkstatt liegt in den Händen der Kitaberaterin, die auch die Sitzungen der Steuerungsgruppe begleitet.
Die Steuerungsgruppe entwickelt nicht nur Strategien für die Werkstattplanung, sondern informiert den gesamten Kindertagesstättenbereich des Bezirks Berlin-Reinickendorf, zu dem zirka 1200 pädagogische Mitar-

beiterinnen in 60 kommunalen Kitas gehören, regelmäßig über den Werkstattverlauf und über Planungsvorhaben.

Die Handlungsstränge der Werkstatt

Wie auf der Werkstattübersicht auf Seite 32 und 33 zu sehen ist, lassen sich drei Handlungsstränge erkennen. Alle drei sind in diesem Buch dargestellt und mit in der Werkstatt entstandenem Material versehen.

Der Erstellungsprozess

Im Verlauf des Erstellungsprozesses wurden bisher zu sechs Themenbereichen, die im Alltag der Kitas bedeutsam sind, pädagogische Qualitätsstandards entwickelt. Dazu gehören:

- die Eingewöhnung,
- die pädagogische Gestaltung von Essenssituationen,
- die pädagogische Gestaltung von Schlaf- und Ruhesituationen,
- die Sauberkeitserziehung,
- die Sexualpädagogik,
- das Freispiel.

Die Erarbeitung weiterer Qualitätsstandards wurde bis auf weiteres ausgesetzt, weil das bisher fertiggestellte Material zunächst Schritt für Schritt umgesetzt werden soll. Die dabei entstehenden Erfahrungen sollen zeigen, inwieweit das bislang entwickelte Material brauchbar ist. Danach erst werden Qualitätsstandards zu weiteren Themen erarbeitet.

Für jeden der oben genannten Themenbereiche definierten eigens dafür gebildete Arbeitsgruppen unterschiedliche Qualitätsstandards und legten eine Skala fest, die von 1 bis 7 reicht. Die Stufe 1 beschreibt die mindestens zu gewährleistende Betreuungsqualität, die Zwischenstufen 3 und 5 beschreiben jeweils höhere Qualitäten, und der Standardwert 7 beschreibt die höchste Qualitätsstufe. Die Zwischenstufen 2, 4 und 6 sind nicht definiert; sie sollen eine flexiblere Handhabung der Skala ermöglichen.
An der Erstellung der pädagogischen Qualitätsstandards wirkten zirka 100 Personen in verschiedenen Arbeitsgruppen mit, darunter Erzieherinnen, Kitaleiterinnen, Eltern und Vertreter des Fachamts. Der Erstellungsprozess begann im Februar 1996 und wurde im Juni 1997 vorläufig beendet.

Transfer und Umsetzung

Im Oktober 1996 begann der Transfer- und Umsetzungsprozess. Der Transferprozess soll gewährleisten, daß bei der Umsetzung der erarbeiteten pädagogischen Qualitätsstandards alle Beschäftigten einbezogen werden. Voraussetzung dafür ist die regelmäßige Information des Kindertagesstättenpersonals über die Werkstatt. Und zwar mittels

- Informationsveranstaltungen für Erzieherinnen und Kitaleiterinnen,
- Jour-Fixen für alle interessierten Beschäftigten,
- regelmäßig erscheinenden Info-Blättern.

Die Umsetzung der pädagogischen Qualitätsstandards wurde ab März 1997 in fünf Projektkindertagesstätten erprobt. Seit 1998 beschäftigen sich alle Reinickendorfer kommunalen Kitas mit der Einführung des ersten Qualitätsstandards »Eingewöhnung«. Die Kitaleiterinnen werden regelmäßig methodisch und didaktisch geschult, um den Umsetzungsprozess mit allen Erzieherinnen in ihren Einrichtungen durchzuführen.

Für die Umsetzung eines pädagogischen Qualitätsstandards werden im Durchschnitt sechs Dienstbesprechungen benötigt. Inhaltlich umfaßt die Umsetzung einen Fortbildungsteil, die Selbsteinschätzung der bisherigen Arbeit und eine konkrete Zielsetzung für das kommende Kitajahr. Verbindlichkeit wird hergestellt durch das schriftliche Festhalten von Zielvereinbarungen zwischen Leiterin und Erzieherinnen und Leiterin und Fachamt. Die Zielvereinbarungen werden durch einen Maßnahmenkatalog ergänzt, der hilft, die Ziele nicht aus dem Auge zu verlieren.

Die »Mess-AG«

Einen weiteren Schwerpunkt der Werkstatt bildet die Tätigkeit der »Arbeitsgruppe Qualitätssicherung«, auch »Mess-AG« genannt, die seit März 1997 Fragebögen für Eltern und Erzieherinnen entwickelt. Mit Hilfe dieser Fragebögen soll die Zufriedenheit der Eltern mit der Betreuung ihrer Kinder ermittelt werden. Die in den Bögen enthaltenen Fragen beziehen sich direkt auf die verschiedenen Qualitätsstandard–Themen.
Für die Auswertung der Fragebögen ist die »Mess-AG« ebenfalls zuständig. Gegenwärtig schafft sie die technischen Voraussetzungen für Auswertungen größeren Umfangs mittels einer Datenbank.

Die »Mess-AG« besteht derzeit aus acht Erzieherinnen und Leiterinnen und wird von einer Kitaberaterin begleitet. Um in dieser Gruppe mitarbeiten zu können, werden die Erzieherinnen monatlich für etwa vier Stunden freigestellt.

Begleitung durch Kita-Beratung

In der Werkstattübersicht (siehe nächste Seite) bildet die Begleitung der Werkstatt durch die Kitaberatung den dritten Handlungsstrang, der als eigener Teil in diesem Buch beschrieben wird, um Fachberaterinnen und Trägern Anhaltspunkte für die Begleitung solcher oder ähnlicher Prozesse zu geben.

Die Werkstatt auf einen Blick

Die Steuerungsgruppe wurde erst in der Planungsphase für den Transferprozeß gebildet. Aufgaben: Projektverlaufsplanung, Projektkoordinierung; Mitarbeit bei Infoveranstaltungen, Erstellen der Infoblätter, Veranstalter Jour Fixe

Erstellungsprozeß	Transfer/Umsetzungsprozeß	Begleitung durch Kitaberatung
Eingewöhnung Arbeitgruppe unter Beteiligung von Erzieherinnen, Leitungen, Eltern und Fachamt erarbeitet eine Qualitätsstandardskala. Teilgruppe erstellt eine Eingewöhnungsbroschüre für Eltern	Informationsveranstaltung für Kita-Leitungen »Möglichk./Grenzen von Qualitätsstandards in der Pädagogik« Infomationen zum Projekt und zum Standard »Eingewöhnung«	Planung und Initiierung der Werkstatt mit Fachamt und Jugendstadtrat besprochen; Auftrag genehmigt.
Essenssituation Arbeitsgruppe mit Erzieherinnen, Leitungen, Eltern erarbeitet Skala zu diesem Thema	5 Projektkitas beginnen mit der Umsetzung. Leitungen aus Projektkitas bilden Arbeitsgruppe; kleinschrittige methodische Vorbereitung u. Auswertung von Dienstbespr. bis zum Abschluß der Zielvereinbarung	Einladungen für die erste Erstellungsgruppe an Erzieherinnen, Leitungen, Eltern und Fachamt. Im weiteren Verlauf organisatorischen Rahmen gewährleistet.
Schlaf-/Ruhesituation Arbeitsgruppe mit Erzieherinnen, Leitungen, Eltern erarbeitet Skala zu diesem Thema	Informationssystem für den gesamten Kitabereich, 14tägig erscheinendes Info-Blatt, jeden 2. Monat einen Jour-Fixe	Fachliche und methodische Begleitung aller Arbeitsgruppen im Erstellungsprozess; Literaturrecherche für die erarbeiteten Qualitätsziele.
Sauberkeitserziehung (siehe oben)		Initiierung der Steuerungsgruppe; Mitarbeit in der Steuerungsgruppe

Sexualpädagogik (siehe oben)

Freispiel (siehe oben)

die Erarbeitung weiterer Qualitätsstandards wurde vorläufig ausgesetzt

Mess-Arbeitsgemeinschaft erarbeitet Fragenbögen zu einzelnen Qualitätsstandards/ insbesondere für Eltern.

Infoveranstaltung für Kitaleitungen und Erzieherinnen; Infos über Projektkitas; Infos zur 2. Projektphase

Projetkitas haben Zielvereinbarungen zwischen Erzieherinnen und Leitung abgeschlossen. Zielvereinbarung zwischen Kitas und Fachamt wird vorbereitet.

2. Umsetzungsphase mit allen kommunalen Reinickendorfer Kitas

Fachliche Begleitung der Projektkitas; Erstellung eines Handlungsleitfadens für Leitungen

Fachliche Begleitung der »Mess-Arbeitsgruppe«

Öffentlichkeitsarbeit
Präsentationen
Pressekonferenz

Begleitung der 2. Umsetzungsphase

Begleitung der jährlichen Ergebnisrückmeldungen der Elternbefragung

Wie pädagogische Qualitätsstandards für Kindertagesstätten entstehen

Dieses Kapitel beschreibt das Verfahren, das in der Werkstatt dazu diente, Qualitätsstandards zu erarbeiten. Zunächst ging es darum, folgende Fragen zu beantworten:

> Wer muß an der Erarbeitung von Qualitätsstandards beteiligt werden?
> Wie werden die Themen gefunden?
> Wie sinnvoll ist die Erarbeitung welcher Themen nach dem beschriebenen Verfahren?
> Wie sieht das methodische Vorgehen zur Qualitätsstandardbeschreibung aus?

Wer wird beteiligt?

Wenn es um pädagogische Inhalte geht, um konzeptionelle Fragen und die Diskussion pädagogischer Qualitäten in der Betreuung von Kindern in Kindertagesstätten, sind verschiedene Interessengruppen betroffen: Kinder und ihre Eltern, Erzieherinnen und Kitaleiterinnen, das Fachamt und der Träger.

Die Kinder

Kinder, die in Kitas betreut werden, sind unmittelbar von allen Maßnahmen betroffen, die Einfluß auf ihre Betreuung, den Umgang mit ihnen und das pädagogische Angebot haben. Die Dienstleistung »Tagesbetreuung für Kinder« wird von ihnen genutzt, auch wenn sie selbst noch – rechtlich gesehen – unmündig sind. Will man pädagogische

Qualitätsstandards beschreiben, muß man die Positionen der Kinder berücksichtigen, auch wenn man sie am unmittelbaren Vorgang nicht beteiligt.

Die Eltern

Eltern sind, genau wie ihre Kinder, Kunden der Dienstleistung »Tagesbetreuung«. Als gesetzliche Vertreter ihrer Kinder sind sie prädestiniert dafür, sich zu Fragen pädagogischer Qualitätsstandards direkt zu äußern. Eltern vertreten dabei zwei Aspekte: die Belange ihrer Kinder und ihre eigene Sicht. Diese Aspekte können, müssen aber nicht unbedingt dekkungsgleich sein.

Die Erzieherinnen

Erzieherinnen sind Fachkräfte, die die Kinder unter bestimmten Rahmenbedingungen pädagogisch verantwortlich betreuen. Fragen zur Qualität der Pädagogik in der Tagesbetreuung betreffen sie unmittelbar, haben Auswirkungen auf ihre Fachlichkeit und ihre Arbeitssituation. Sie sind jedoch nicht diejenigen, die theoretische Konzepte entwickeln, sondern sie sind Praktikerinnen. Sie haben Erfahrungen mit Kindern, können kindliche Sichtweisen, aber auch eigene fachliche und persönliche Aspekte in die Qualitätsdiskussion einbringen.

Die Kitaleiterinnen

Kitaleiterinnen sind die Fachvorgesetzten des pädagogischen Personals in der Kita. Sie sind verantwortlich für die Qualität, in der das pädagogische Angebot für Kinder und deren Eltern umgesetzt wird. An der Erarbeitung von Qualitätsstandards sind Kitaleiterinnen zu beteiligen, weil sie nicht nur inhaltliche, sondern auch strukturelle und Personalführungsaspekte vertreten.

Das Fachamt und der Träger

Die Fachaufsicht über das Betreuungsangebot in den bezirklichen Kindertagesstätten wird vom Fachamt als Teil des Jugendamts wahrgenommen. Da pädagogische Qualitätsstandards keine individuellen Instrumente

sind, sondern der bezirksweiten Qualitätsentwicklung im Bereich der Tagesbetreuung für Kinder dienen, muß das Fachamt an ihrer Erarbeitung beteiligt werden.
Die Trägerperspektive ist die des Anbieters einer Leistung, die den Familien zuverlässig zur Verfügung gestellt werden soll. Der Träger ist für die Rahmenbedingungen verantwortlich, die es ermöglichen, die Qualität der Leistung ins Verhältnis zu den Aufwendungen zu stellen, also Kosten und Nutzen abzuwägen. Aus diesen Gründen muß er an der Erarbeitung von Qualitätsstandards beteiligt werden.

Pädagogische Konzepte und der Pädagogik zugrundeliegende entwicklungspsychologische Aussagen wurden bisher vornehmlich von Wissenschaftlern und Fachexpertinnen formuliert. Ihre Arbeiten entstanden teilweise im engen Austausch von Theorie und Praxis.[3] Erziehungswissenschaftler äußern sich fachlich differenziert und beschreiben, was nach ihren Erkenntnissen gute pädagogische Qualität in der Tagesbetreuung von Kindern umfassen sollte. Sie treffen ebenso auch Aussagen zu schlechter Qualität.[4] Der gezielte Transfer in den Kindertagesstättenbereich erfolgte jedoch nur partiell. Woran lag das?
Es reicht nicht aus, Erzieherinnen schriftlich fixierte pädagogische Handlungskonzepte an die Hand zu geben. Daß diese Konzepte schnell in den Schubladen verschwinden, liegt nicht an mangelnder Bereitschaft der Kolleginnen, sich mit dem Material zu befassen. Häufig fehlt der eigene Zugang, ein persönlicher, emotionaler, sinnlicher Zugang, der die Lektüre spannend macht und Leserinnen motiviert, sich dauerhaft damit auseinanderzusetzen.

Nicht allein wissenschaftliche Untersuchungen über gute und schlechte pädagogische Qualität fanden wenig Widerhall in der pädagogischen Praxis. Auch in die Qualitätsdebatte mischen sich Erzieherinnen nicht gezielt genug ein. Welche Ursachen das haben mag, darüber läßt sich trefflich streiten. Meiner Erfahrung nach gehören folgende Gründe dazu: Pädagoginnen schmorten lange im eigenen Brei und befaßten sich mit der Perspektive anderer an Kinderbetreuung Interessierter, insbesondere der Eltern, nur ausnahmsweise. Ihre eigenen pädagogischen Überlegungen und Werte standen oftmals den Gedanken oder Wünschen der Eltern

[3] Siehe: Qualität im Dialog entwickeln; Kronberger Kreis für Qualitätsentwicklung in Kindertageseinrichtungen, Kallmeyer 1998
[4] Tietze, W.; Schuster, K.-M.; Roßbach, H.-G.: Kindergarten-Einschätz-Skala, Luchterhand 1997

entgegen. Deshalb vermieden sie es gern, den Dialog mit den Eltern zu suchen. Ihn professionell zu führen, dazu waren viele Erzieherinnen mangels entsprechender Qualifizierung häufig ohnehin nicht imstande.

Das Kinder- und Jugendhilfegesetz (KJHG) und die von den Bundesländern verabschiedeten Kindergartengesetze sehen die Beteiligung der Eltern an konzeptionellen und inhaltlichen Fragen jedoch vor. Es wird also höchste Zeit, daß Elternbeteiligung mehr umfasst, als die Wahl von Elternvertretungen oder die Mitwirkung bei Festen.

Was muss sich verändern?
Motivationszugänge müssen erschlossen werden, die es erleichtern, sich mit Fachfragen freudvoll zu befassen und dabei unterschiedliche Perspektiven zu berücksichtigen. Gerade das macht ein Thema zuweilen doch besonders interessant. Außerdem dürfen Auseinandersetzungen nicht nur im stillen Kämmerlein geführt werden. Sie müssen erkennbare Wirkungen auf das pädagogische Handeln haben. Zum Beispiel:

> einen persönlichen Zugang zum eigenen pädagogischen Handeln zu gewinnen, etwa aus der Perspektive des Kindes;
> sich mit den Perspektiven der »Kunden« auseinanderzusetzen;
> neue, didaktisch interessant aufbereitete Informationen auszuwerten und weiterzugeben, Übungen, Videomaterial und Arbeitsblätter zu nutzen;
> im Austausch immer wieder eigene Handlungsbezüge herstellen zu lernen;
> persönliche Sichtweisen von professionellen trennen zu lernen;
> gemeinsam Ziele zu entwickeln und sich zu überlegen, wie diese Ziele zu erreichen sind;
> Vorhaben eigenverantwortlich umzusetzen und sich selbst zu überprüfen.

Fazit: Es reicht nicht aus, die Erarbeitung pädagogischer Qualitätsstandards Experten oder Wissenschaftlern zu überlassen. Etwas Eigenes zu entwickeln mit den Menschen, die von dieser Leistung »betroffen« sind – dies erst ermöglicht Identifikation, eine realistische Fachlichkeit und setzt Motivation frei.

In die Entwicklung pädagogischer Qualitätsstandards sollen die vielfältigen Sichtweisen der »Betroffenen« eingehen. Nicht zuletzt erhöht das die Akzeptanz der Qualitätsstandards, wenn sie später umgesetzt werden.

Deshalb wurden an der Erarbeitung der pädagogischen Qualitätsstandards in Berlin-Reinickendorf sowohl Eltern als auch Erzieherinnen, Kitaleiterinnen und Vertreter des Fachamtes von Anfang an beteiligt, um eine breites Engagement aller zu gewährleisten.
Mit jedem Thema, zu dem pädagogische Qualitätsstandards entwickelt werden sollten, beschäftigte sich eine Arbeitsgruppe. Zu jeder Arbeitsgruppe gehörten acht bis zehn Erzieherinnen, vier Elternvertreterinnen, vier bis sechs Kitaleiterinnen und ein Vertreter des Fachamts.
Einladungen dazu schickten wir in alle Kindertagesstätten. Erzieherinnen und Leiterinnen meldeten ihr Interesse an der Mitarbeit telefonisch oder schriftlich bei der Steuerungsgruppe an. Bevor die Steuerungsgruppe existierte, meldeten sich die Interessentinnen bei der Kitaberatung.
Interessierte Elternvertreterinnen fanden wir im Bezirkselternausschuß, oder sie wurden in den Kitas von den Leiterinnen für die Mitarbeit gewonnen. Das Fachamt delegierte eine Mitarbeiterin, die an der Zusammenarbeit besonders interessiert war, in die Arbeitsgruppe.
Meldeten sich mehr Interessentinnen, als wir brauchten, was bei den Erzieherinnen regelmäßig der Fall war, wurden nicht zum Zuge Gekommene in der Arbeitsgruppe bevorzugt berücksichtigt, die als nächste entstand.

Welche Themen sollen und können erarbeitet werden?

In Berlin-Reinickendorf wurden von Februar 1996 bis Juni 1997 pädagogische Qualitätsstandards zu folgenden Themen formuliert:

Die Eingewöhnung von Kindern in die Kita
Die Gestaltung von Essenssituationen
Die Gestaltung von Schlaf- und Ruhesituationen
Die Sauberkeitserziehung
Die Sexualpädagogik
Das Freispiel

Da bei der Arbeit an diesen Themen eine Fülle von Material entstand, verzichteten wir vorerst darauf, uns weiteren Themen zuzuwenden. Darüber hinaus sollte die Umsetzung der ersten Qualitätsstandards in die tägliche Kitaarbeit zunächst zeigen, ob das gewählte Vorgehen sich bewährt. Erst danach wollten wir über weitere Themen entscheiden.

Wie kamen wir nun zu unseren Themen?
Das erste Thema, »Die Eingewöhnung von Kindern in die Kita«, gab ich als Einstiegsthema vor. Über die weiteren Themen entschieden alle bis zum jeweiligen Zeitpunkt beteiligten Erzieherinnen, Leiterinnen und Eltern auf einer Vollversammlung.
Zu diesem Zwecke lag eine gemeinsam erstellte Themensammlung vor, über die nach kurzer Diskussion, in der die Fürsprecher bestimmter Themen Gelegenheit hatten, deren Wichtigkeit hervorzuheben, abgestimmt wurde.
Für das Abstimmungsverfahren benutzten wir Klebe-Punkte. Alle Anwesenden bekamen drei Punkte, die sie den aufgelisteten Themen zuordneten. Das Thema, das die meisten Punkte erhielt, wurde als nächstes bearbeitet.
Nachdem die erste Arbeitsgruppe Qualitätsstandards zum Thema »Eingewöhnung« entwickelt hatte, arbeiteten jeweils zwei Gruppen parallel. Manche Erzieherinnen entschieden sich für eine weitere Arbeitsgruppe, was den Vorteil hatte, daß sich einige Teilnehmerinnen jeder Gruppe in der Methodik des Vorgehens gut auskannten.

Das Thema »Eingewöhnung« schlug ich nicht ohne Grund als Einstiegsthema vor. Da es zu diesem Thema ein geschlossenes, pädagogisch anerkanntes Modell[5] gibt, wird die für die Entwicklung pädagogischer Qualitätsstandards wichtige Bestimmung des Qualitätszieles sehr erleichtert. Informierte man sich über das Eingewöhnungsmodell ausreichend, konnte man das Qualitätsziel relativ unaufwendig operationalisieren, das heißt, in nachprüfbare Handlungsschritte übersetzen. Damit war die Grundlage für die Entwicklung einer Qualitätsskala für das Thema »Eingewöhnung« gegeben.
Ein weiterer Grund, der für den Beginn mit diesem Thema sprach, war, daß die Eingewöhnung die Grundlage für die in den weiteren Jahren besonders wichtige Beziehung zwischen Eltern, Erzieherinnen und dem einzugewöhnenden Kind darstellt. Wird diese Phase zur Zufriedenheit aller Beteiligten gestaltet, wirkt sich das nicht nur auf das Kind und seine Entwicklungsmöglichkeiten positiv aus, sondern auch auf die Zusammenarbeit zwischen Eltern und Erzieherin. Damit ist dieses Thema ein Einstiegsthema im wahrsten Sinne des Wortes – auch unter dem Aspekt der Elternbeteiligung an der Erarbeitung der Qualitätsskala.

---

[5] Siehe: Laewen, H.-J.; Andres, Beate; Hedervari, Eva: Ein Modell für die Gestaltung der Eingewöhnungssituation von Kindern in Krippen. INFANS (Hrsg.), Kleine Fachreihe zur Frühsozialisation, Bd. 1, Berlin 1990

Als dritter Grund sprach für dieses Thema, daß es ein die gesamte Kita immer wieder betreffendes Thema ist, das allerdings häufig mit dem Blick auf ältere Kinder nicht als solches wahrgenommen wird. Ein Fehler, denn auch ältere Kinder werden aufgenommen, beispielsweise nach einem Umzug der Familie, oder wechseln mitunter innerhalb der Kita die Gruppen. In Schließungszeiten werden Kinder mehrerer Kitas häufig zusammengefasst. Es ergeben sich also durchaus Situationen, in denen sich auch ältere Kinder als neu Hinzukommende, denen alles ungewohnt ist, erleben. Geradezu selbstverständlich wird von ihnen erwartet, daß sie solche Situationen bewältigen. Schaffen sie das tatsächlich problemlos?
Es fanden sich also genügend Gründe für die »Eingewöhnung«, ein zentrales pädagogisches Thema, zu dem eine Auseinandersetzung aller Erzieherinnen sich zu lohnen schien.

Bei den nachfolgend entwickelten Qualitätsstandards »Essenssituationen«, »Schlaf- und Ruhesituationen« und »Sauberkeitserziehung« fiel es uns schon deutlich schwerer, Qualitätsziele zu beschreiben und sie zu operationalisieren. Aber es war immerhin möglich. Inzwischen erschienen die »Kindergarten-Einschätz-Skala«[6] und das Kronberger Modell[7], die fachliche Hinweise auch zu einer Vielzahl anderer Themen enthalten und die Erarbeitung eigener Qualitätsstandards erleichtern.

Die Themen »Essenssituationen«, »Schlaf- und Ruhesituationen« und »Sauberkeitserziehung«, von den Mitwirkenden selbst ausgewählt, konnten zufriedenstellend bearbeitet werden, da sich einige Erzieherinnen zuvor mit neuen fachlichen Positionen befasst hatten, die in der Fachöffentlichkeit kaum noch umstritten sind. So ist es heute unbestritten ein pädagogisches Ziel, daß ein Kind mit Unterstützung des Erwachsenen selbst entscheiden lernt, ob und wie lange es sich ausruht oder schläft. Und kaum jemand bezweifelt noch, daß kleine Kinder eigene Schlaf- und Wachrhythmen haben. Nach den notwendigen Auseinandersetzungen und mit Hilfe fachlicher Unterstützung der Beraterin einigten sich die Mitglieder der Arbeitsgruppen letztlich auf Qualitätsziele und entwickelten Qualitätsskalen zu den genannten Themen.

---

[6] Tietze, W.; Schuster, K.-M.; Roßbach, H.-G.: Kindergarten-Einschätz-Skala, Luchterhand 1997

[7] Qualität im Dialog entwickeln; Kronberger Kreis für Qualitätsentwicklung in Kindertageseinrichtungen; Kallmeyer 1998

Probleme bei der Erarbeitung der Skalen tauchten bei komplexen und fachlich umstrittenen Themen auf. Die bislang zuletzt erarbeiteten Qualitätsskalen zu den Themen »Sexualpädagogik« und »Freispiel« waren am schwierigsten zu formulieren. Dies hing zum einen mit der Komplexität der Themen zusammen. Beim Freispiel ist eine solche Vielzahl von Aspekten zu berücksichtigen, daß die Skala unvollständig blieb und deshalb im Kita-Alltag nicht verwendet werden kann. Zum anderen gab es Schwierigkeiten, den Begriff des Freispiels einzugrenzen und zu definieren.

Aber auch divergierende Werthaltungen und unterschiedliche pädagogische Ziele der Erzieherinnen erschwerten die Arbeit an den Skalen und ließen eine Umsetzung der Themen »Sexualpädagogik« und »Freispiel« bisher nicht sinnvoll erscheinen. Zu verschieden waren die Positionen, die in den Diskussionen aufeinanderprallten. Deshalb eignen sich die zu diesen Themen erarbeiteten Ergebnisse voraussichtlich weder für eine Umsetzung, noch können sie handlungsleitend wirken. Wahrscheinlich ist es sinnvoller, in beiden Fällen Leitsätze zu entwickeln, die sich an den Inhalten der »Kindergarten-Einschätz-Skala« oder des Kronberger Modells orientieren.

Konzeptionell und inhaltlich entspricht das kürzlich erschienene Qualitätskonzept des Kronberger Kreises wohl am ehesten den dialogischen Prinzipien, die unsere Werkstatt bestimmen. Der Kronberger Kreis, hervorgegangen aus dem Projektring »Orte für Kinder«, hat einen pädagogischen Qualitätsbegriff erarbeitet, der sich an der konzeptionellen Fortentwicklung des Situationsansatzes orientiert. Damit bleibt er offen für ergänzende, konzeptionell kompatible Aspekte. Der vom Kronberger Kreis zugrunde gelegte Qualitätsbegriff umfasst Grundorientierungen, die klare Werthaltungen erkennen lassen. Dies sind zum Beispiel Partizipation, Freundlichkeit als Grundhaltung und die Kontextorientierung.[8]

Auch die vorhandenen pädagogischen Konzeptionen in einzelnen Gruppen oder Kindertageseinrichtungen können als Grundlage einer darauf aufbauenden gezielten Qualitätsentwicklung genutzt werden, besonders wenn sie sich auf pädagogische Grundorientierungen und Handlungen beziehen.

All diese Vorschläge sollen deutlich machen, daß es nicht darum geht, eine einzige Form zur Qualitätsbestimmung zu finden, die für alle stimmt und zutrifft. Vielmehr sollte jeder Träger die für die eigenen Kindertageseinrichtungen passende Form mit den Beteiligten entwickeln.

---

[8] a.a O.

Die in diesem Buch beschriebene Werkstatt will dazu als Anregung und nicht als genau zu kopierendes Modell verstanden werden.

Ein Beispiel soll abschließend zeigen, daß es Grenzen bei der Erarbeitung von Skalen gibt und wo sie liegen. Geht es beispielsweise um Spielmaterialien, würden, den pädagogischen Grundorientierungen entsprechend, vermutlich teilweise völlig konträre Qualitätsaussagen gegeneinanderstehen. Diese auch noch in eine Skala zu übertragen, um eine abgestufte Qualitätsaussage vorzunehmen, ist nicht möglich.

Verschiedene pädagogische Positionen zum Begriff »qualitätvolles Spielmaterial«:

1. Zeitgemäßes, die Kinder mit modernen Technologien in Berührung bringendes Spielmaterial
2. Naturbelassenes Spielmaterial
3. Vielfältiges, die gesamte Entwicklung anregendes Spielmaterial
4. Die Kita als spielzeugfreier Raum, in dem nur von Kindern selbsttätig hergestellte Spielmaterialien vorhanden sind
5. Die kognitive Entwicklung beförderndes Spielmaterial

Es leuchtet ein, daß die Festlegung auf eine in einer Skala festgehaltene Qualitätsaussage nicht nur völlig unsinnig wäre, sie würde auch niemals von 1200 pädagogischen Mitarbeiterinnen als Grundlage der eigenen Pädagogik akzeptiert werden.

Wir bevorzugen ein integriertes Qualitätsentwicklungskonzept (IQUE), mit dessen Hilfe Skalen entwickelt werden für sogenannte Schlüsselsituationen und das die darüber hinausgehenden Qualitätsorientierungen in einigen zentralen Leitsätzen festhält. Entscheidend sind jeweils die regelmäßig abzuschließenden Zielvereinbarungen, die die Handlungsverbindlichkeit gewährleisten sollen.

Wie wird eine Skala erarbeitet?

Zu jedem Thema wurde eine Qualitätsskala erarbeitet. Sie umfasst die Werte 1 bis 7. Der niedrigste Wert, die 1, beschreibt einen niedrigen pädagogischen Qualitätsstandard.
Die Skalenwerte 3 und 5 beschreiben jeweils höhere pädagogische Qualitäten oder auch Qualitätsteilziele, und im Standard 7 sind die Bedingungen oder ist das Handeln beschrieben, das als Qualitätsziel gelten kann. Die Zwischenwerte 2, 4 und 6 sind nicht ausformulierte Qualitätsstandards, die die Einordung in die Skala erleichtern sollen. Sind nämlich alle nächst niedrigeren und einige höhere Merkmale erfüllt, zum Beispiel von Standard 1 und 3, kann eine Einordnung bei Standardwert 2 erfolgen.

Beispiel für den Aufbau einer Qualitätsskala

Merkmal	Skalenwert 1	Skalenwert 3	Skalenwert 5	Skalenwert 7
Merkmal A				
Merkmal B				
Merkmal C				
Merkmal D				

Die Arbeitsgruppen formulierten die pädagogischen Qualitätsstandards in einer Abfolge von vier Schritten:

1. Eigenen Bezug zum jeweiligen Thema herstellen
2. Auseinandersetzung mit fachlichen Aspekten zum Thema
3. Beschreiben des Qualitätsziels (Standard 7)
4. Beschreiben der Qualitätsteilziele (Standard 5, 3, 1)

In einer strukturierten Abfolge von durchschnittlich sechs Arbeitssitzungen wurden die Skalen entwickelt, wobei die oben beschriebenen Schritte handlungsleitend waren.

Wie entstand die Skala für den Qualitätsstandard »Eingewöhnung«?

Am Beispiel der Arbeit am pädagogischen Qualitätsstandard »Eingewöhnung« soll im folgenden beschrieben werden, wie man Skalen erstellt.

Die erste Sitzung – Einstieg in die gemeinsame Arbeit

Dauer der Sitzung	2,5 Stunden
Material	Stellwände, Flipcharts oder freie Wände, Flipchartbögen, dicke Filzstifte, Tesakrepp
Arbeitsraum	ein für zirka 20 Personen ausreichend großer Raum, Bestuhlung im Kreis, keine Tische, zwei kleinere Nebenräume für Gruppenarbeit

In der ersten Sitzung der Arbeitsgruppe geht es um folgende Inhalte:

1. Erläuterung der Ziele der Werkstatt »Pädagogische Qualitätsstandards«
2. Kurzes Kennenlernen der Mitglieder der Arbeitsgruppe
3. Erläuterung, warum pädagogische Qualitätsstandards erarbeitet werden sollen und wie man vorgehen wird
4. Einstieg in das Thema »Eingewöhnung«, Arbeit am eigenen Bezug zum Thema

Nachdem die Moderatorin alle Anwesenden begrüßt, sich vorgestellt und den Ablauf der Sitzung bekanntgegeben hat, informiert sie die Teilnehmerinnen über Ziele, Vorgehensweise und Beteiligte der Arbeitsgruppe. Eine Viertelstunde wird dazu ausreichen.

Inhalte und Aufgaben der Arbeitsgruppe zur Erarbeitung eines pädagogischen Qualitätsstandards:
1. Siehe unter: Ziele der Werkstatt[9]
2. Qualitätsziele und Indikatoren, die es ermöglichen sollen, die erarbeiteten Qualitätsstandards zu messen, werden beschrieben.
3. Die Qualitätsskala für die Eingewöhnung von Kindern, die Grundlage sein wird für zukünftig regelmäßig abzuschließende Zielvereinbarungen, wird gemeinsam erarbeitet.

---

[9] Siehe S. 21

4. In diesem Prozess sind die »Betroffenen«, also Erzieherinnen, Eltern, Leiterinnen und Vertreter des Fachamtes, die »Beteiligten«.

Nach diesem knappen Einstieg sollten sich die Teilnehmerinnen kennenlernen. Das ist notwendig, damit die Beteiligten wissen, mit wem sie es in ihrer Gruppe zu tun haben, und ungezwungener miteinander in Kontakt kommen. Auch für diesen Punkt kann etwa eine Viertelstunde veranschlagt werden.
Es bietet sich an, Namensschilder zu benutzen, die sich alle zu Beginn mit beschriftetem Tesakrepp selbst herstellen. Danach folgt eine kurze soziometrische Übung, die dazu dient, die verschiedenen »Gruppierungen« deutlich zu machen. Außerdem wird die Dauer der Zugehörigkeit zum Träger erkennbar.

Die soziometrische Übung – erster Teil

Alle Teilnehmerinnen erheben sich von ihren Plätzen und stellen sich in einem Kreis auf. Der erste Teil der Aufgabe besteht darin, herauszufinden, wer Erzieherin, Mutter oder Vater ist, zur Leitung gehört oder zum Träger. Entsprechend der Zugehörigkeit zu diesen Gruppen verteilen sich die Anwesenden im Raum. Der Vertreter des Fachamtes wird bei dieser Übung allein bleiben, worüber man ihn vorher informieren sollte.
Anschließend stellen sich die einzelnen Personen, in ihrer jeweiligen Gruppierung stehend, kurz vor, nennen ihren Namen, ihre Tätigkeit, die Kita, aus der sie stammen. Erzieherinnen sollten darüber hinaus erzählen, mit welcher Altersgruppe von Kindern sie gegenwärtig arbeiten. Mütter und Väter sollten erwähnen, wie alt ihre Kinder sind. Auch der Vertreter des Fachamtes stellt sich vor und sagt ein paar Worte zu seinem Arbeitsbereich.

Die soziometrische Übung – zweiter Teil

Im zweiten Teil besteht die Aufgabe darin, sich, ohne miteinander zu sprechen oder Fragen zu stellen, so in einer Reihe aufzustellen, daß an der einen Seite die Person steht, die meint, am längsten mit dem Träger zu tun zu haben. Das kann eine Erzieherin sein, die seit 20 Jahren in einer Kita des Bezirksamtes arbeitet, oder eine Mutter, die vor 15 Jahren ihr ältestes Kind in eine Kita gab.
An der anderen Seite steht die Person, die meint, am kürzesten mit dem Träger zu tun zu haben, zum Beispiel eine Leiterin, die erst seit drei Mo-

naten in ihrer Kita arbeitet, oder ein Vater, der vor sechs Wochen sein erstes Kind eingewöhnte.

Alle anderen positionieren sich irgendwo in der Reihe. Wenn alle einen Platz gefunden haben, werden sie der Reihe nach zu ihrem Platz befragt. Sie erzählen, warum sie dort stehen, wo sie stehen. Sehr wahrscheinlich finden noch einige Umgruppierungen statt, bis die Anwesenden ihren »richtigen« Platz gefunden haben.
Um sich der Frage zu nähern, warum Qualitätsstandards für Kitas sinnvoll sind, sollten die Teilnehmerinnen in kleinen Gruppen, beispielsweise in drei Untergruppen zu je sechs bis sieben Personen, in einen kurzen Austausch miteinander treten, der nicht mehr als 20 Minuten in Anspruch nehmen muß.

> Hier einige Impulsfragen, um den Austausch anzuregen:
> Warum brauchen wir Qualitätsstandards in Kitas?
> Welche Chancen bieten Qualitätsstandards?
> Welche Befürchtungen sind damit verbunden?
> Was finde ich an der Erarbeitung von Qualitätsstandards interessant?

Im nachfolgenden Plenum berichten die Gruppen von ihren Gesprächen. Wichtige Aussagen werden für alle erkennbar auf einer Tafel oder einem Flipchart vermerkt. Für das Plenum stehen etwa 20 Minuten zur Verfügung.
Anschließend wird das Vorgehen bei der Erarbeitung der pädagogischen Qualitätsstandards beschrieben. Die Abfolge ist dazu, für alle lesbar, auf dem Flipchart oder der Tafel notiert worden. Sie wird den Teilnehmerinnen erläutert.

Nach dieser ersten Arbeitsphase von etwa 60 bis 75 Minuten folgt eine Pause von 15 Minuten. Danach steigt die Arbeitsgruppe in das Thema »Eingewöhnung« ein.
Zu folgenden Fragen, die für jede Untergruppe auf Arbeitsblättern vorliegen, wird die Arbeit nach der Pause fortgesetzt.

> Fragen zum eigenen Umgang mit neuen Situationen:
> Wie erlebe ich neue, mir unbekannte Situationen?
> Was spielt sich bei mir ab?
> (Verhalten, Körperreaktionen, Gedanken, Empfindungen)
> Was erschwert mir den Umgang mit neuen Situationen?
> Was erleichtert mir den Umgang mit neuen Situationen?

Wann fängt für mich der Anfang an?
Auf den Arbeitsblättern sollte genügend Platz für die Antworten vorhanden sein.

Bevor die Teilnehmerinnen drei bis vier Untergruppen bilden, sollten sie darauf hingewiesen werden, daß dieser erste inhaltliche Teil der Beginn der Auseinandersetzung mit dem Thema »Eingewöhnung« ist. Die oben aufgeführten Fragen sollten es ermöglichen, einen persönlichen Zugang zum Thema herzustellen.
In den Untergruppen tauschen sich die Teilnehmerinnen zu den Fragen aus. Die zu den jeweiligen Fragen ermittelten Aspekte werden notiert. Für die ganze Aktion stehen zirka 30 Minuten zur Verfügung.
Anschließend tritt noch einmal das Plenum zusammen. Jede Gruppe stellt die von ihr zu einer Frage gesammelten Aspekte den anderen Teilnehmerinnen vor, die sie nötigenfalls ergänzen. Bei jeder Frage beginnt eine andere Untergruppe mit ihrem Bericht. Nach dem Austausch im Plenum wird die erste Sitzung nach zirka 2,5 Stunden beendet.
Ein Abschlußblitzlicht kann die gemeinsame Arbeit abrunden.
Beispiel: Jeder, der mag, sagt noch einen Schlußsatz zur ersten Sitzung.

Die zweite Sitzung – einen Bezug zum Thema entwickeln

Dauer der Sitzung	2,5 Stunden
Material	Stellwände, Flipcharts oder freie Wände, Flipchartbögen, dicke Filzstifte, Tesakrepp, die beschriebenen Flips der ersten Sitzung
Arbeitsraum	siehe 1. Sitzung

In der zweiten Sitzung der Arbeitsgruppe geht es um folgende Inhalte:

1. Anknüpfen an die Inhalte der letzten Sitzung
2. Wie geht es Kindern in neuen, ihnen unbekannten Situationen? Welche Reaktionen zeigen sie?
3. Unterschiede und Ähnlichkeiten im Umgang von Kindern und Erwachsenen mit neuen Situationen
4. Einführung in die Bindungstheorie: Das Beziehungsdreieck zwischen Kind, Eltern und Erzieherin während der Eingewöhnung von Kindern

Eine Moderatorin, beispielsweise eine Mitarbeiterin der Kita-Beratung, begrüßt die Teilnehmerinnen und rekapituliert noch einmal die Inhalte der letzten Sitzung, in der es um das eigene Erleben beim Umgang mit

fremden Situationen ging. Die in der Sitzung erstellten Flips hängen an den Wänden, und die Teilnehmerinnen werden aufgefordert, sie sich noch einmal in Ruhe anzuschauen.
Zu den Fragen »Wie geht es Kindern in ihnen neuen oder unbekannten Situationen?« und »Welche Verhaltensweisen zeigen sie?« tritt die Arbeitsgruppe in ein etwa 30minütiges Plenumsgespräch, in dem die Erwachsenenperspektive um die Perspektive der Kinder erweitert werden soll. Die Ausgangsfrage knüpft an Erfahrungen an, die Eltern und pädagogische Fachkräfte mit Kindern machen. Deshalb wird die Beteiligung an diesem Gespräch hoch sein, und es ist möglich, im Plenum zu bleiben.

Sehr schnell wird deutlich werden, wie unterschiedlich Kinder auf neue Situationen reagieren, in denen sie sich in unbekannten Räumen bewegen, fremden Menschen begegnen. Die Teilnehmerinnen suchen nach einer alters- beziehungsweise entwicklungsbezogenen Unterteilung, und zwar unter folgendem Aspekt: Welche spezifischen Verhaltensweisen erleben wir bei Kindern welchen Alters?
Voraussichtlich werden die Teilnehmerinnen etwa drei bis vier Entwicklungsstufen nennen, in denen die Reaktionsweisen der Kinder auf neue Situationen deutliche Unterschiede aufweisen.
Die erste Stufe wird bei bis zu sieben oder acht Monate alten Kindern liegen, die zweite Stufe bei bis zu zweijährigen Kindern, die dritte Stufe bei bis zu fünfjährigen Kindern und die vierte bei denen, die älter als fünf Jahre sind.
Auf unterschiedlichen Flips werden die in den jeweiligen Stufen typischen Reaktionen der Kinder vermerkt. Bestimmte Verhaltensweisen werden in allen Stufen auftauchen. Die am häufigsten vorkommenden können unterstrichen werden
Ist die Auseinandersetzung mit den kindlichen Reaktionen auf neue Situationen abgeschlossen, wird ein Blick zurück auf die Reaktionsweisen der Erwachsenen deutlich machen, daß es für fast alle Menschen, egal, wie alt sie sind, anstrengend ist, mit unbekannten Situationen konfrontiert zu sein. Außerdem wird erkennbar, daß kleine Kinder über weit weniger Möglichkeiten als Erwachsene oder ältere Kinder verfügen, sich diese Situationen selbst zu erleichtern.
Die folgende Tabelle stellt Beispiele einander gegenüber, wie unterschiedlich Erwachsene oder ältere Kinder und jüngere Kinder mit Unbekanntem umgehen:

Erwachsene/ältere Kinder	jüngere Kinder
können sich sprachlich verständigen	können sich noch nicht oder wenig sprachlich verständigen
haben eine räumliche und zeitliche Orientierung	Raumorientierung nur in bekannten Räumen
viele Erfahrungen mit neuen Situationen machen sicherer	keine/kaum Erfahrungen mit neuen Situationen machen eher unsicher
können Kontakt zu unbekannten Menschen aufnehmen, wenn es sein muß	zeigen deutlich, zu wem sie Kontakt wollen oder nicht wollen
kommen in einem überschaubaren Zeitraum auch ohne Bekannte zurecht	brauchen gut Bekannte wie Eltern, um sich zu orientieren

Fazit, das zur Einführung in die Bindungstheorie überleitet:
Die bisherige Arbeit der Gruppe hat gezeigt, daß es offensichtlich notwendig ist, Kindern den Schritt in eine ihnen unvertraute Situation mit ihnen fremden Menschen zu erleichtern. Insbesondere Kinder im Alter zwischen sieben bis acht Monaten und zwei Jahren sind stark verunsichert, wenn sie mit Neuem und mit Trennungen von ihnen bekannten Menschen konfrontiert sind. Warum dies so ist, wird ein Beitrag über Bindungstheorie erklären.

Nach einer Pause von einer Viertelstunde treffen sich die Teilnehmerinnen wieder im Plenum, um einem etwa 20minütigen Exkurs in die Bindungstheorie zu folgen, der Aufschluß darüber bringen soll, warum Kinder in dieser Entwicklungsphase besonders darauf angewiesen sind, während der ersten Zeit in der Kita von einem ihnen vertrauten Menschen begleitet zu werden. Über den Inhalt des Vortrags informiert das Arbeitsblatt zur Bindungstheorie auf Seite 96 f.

Anschließend besteht für die Teilnehmerinnen Gelegenheit, Fragen zu stellen oder Eindrücke mitzuteilen.
Die zweite Sitzung wird mit einer Gruppenarbeit zum Beziehungsdreieck abgeschlossen, die etwa 40 Minuten in Anspruch nimmt. Die Teilnehmerinnen bilden drei bis vier Untergruppen und befassen sich mit

der besonderen Beziehungskonstellation, die die Eingewöhnungssituation jüngerer Kinder maßgeblich prägt.
Folgende Situationsbeschreibung führt in die Gruppenarbeit ein:
Ein Kind kommt mit seiner Mutter oder seinem Vater in die Kindertagesstätte. Es kennt seine Begleiterin oder seinen Begleiter gut. Nun sollen das Kind und seine Erzieherin eine Beziehung aufbauen, die einer Bindungsbeziehung sehr ähnlich ist. Auch zwischen der Erzieherin oder der Mutter und dem Vater wird eine Beziehung entstehen.

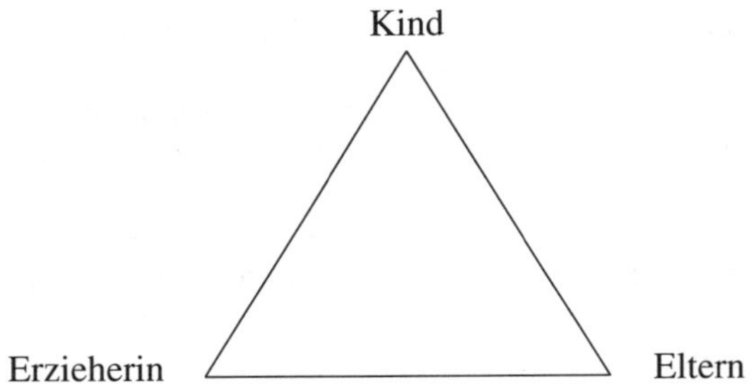

Was geht in Eltern, Kindern und Erzieherinnen in einer solchen, für alle Beteiligten neuen Situation vor? Die Auseinandersetzung mit diesen Aspekten der Eingewöhnung ist wichtig, um sie später bei der Beschreibung von Qualitätsstandards berücksichtigen zu können.

Das Arbeitsblatt »Stille Fragen im Beziehungsdreieck« auf Seite 51, das für alle Teilnehmerinnen vervielfältigt wurde, wird verteilt. Die dort aufgeführten Fragen werden gemeinsam gelesen und besprochen. Anschließend sollen sich die Teilnehmerinnen mit der Frage beschäftigen: Was würde Kindern, Eltern und Erzieherinnen helfen, besser mit dieser neuen Situation zurechtzukommen?
Die Arbeitsergebnisse werden auf Flips festgehalten, denn mit ihnen soll die dritte Sitzung begonnen werden.

Nachdem die Gruppenarbeit beendet wurde, treffen sich die Teilnehmerinnen kurz im Plenum. Die Moderatorin faßt zusammen, was in der zweiten Sitzung erarbeitet wurde und gibt ein Ausblick auf die dritte Sitzung. Dabei weist sie darauf hin, daß die dritte Sitzung mit den Berichten der Untergruppen zur oben erwähnten Fragestellung beginnen wird.

Arbeitsblatt

»Stille Fragen im Beziehungsdreieck« von Anni Söntgerath, Kitaberaterin in Berlin-Spandau

Kind zur Bindungsperson	Wirst du mich in dieser Fremde allein lassen? Wirst du meine Angst vor dem Fremden verstehen? Wirst du so lange bei mir bleiben, bis alles für mich hier vertraut ist? Wirst du auch meine Neugier verstehen und mich ausprobieren lassen? Bist du einverstanden, daß ich gerne hier bin, wenn ich mich nicht mehr fremd fühle? Darf ich meine Erzieherin mögen?
Kind zur Erzieherin	Wirst du mir Zeit lassen, mich kennenzulernen? Wirst du mich beschützen und unterstützen? Wirst du mich trösten, wenn ich traurig bin? Wirst du meine Mutter/meinen Vater mögen?
Bindungsperson zum Kind	Wirst du ohne mich hier zurechtkommen? Wirst du mich vermissen? Wirst du dich mir entfremden? Wirst du die Erzieherin vielleicht lieber mögen? Wird es dir hier gut gehen?
Bindungsperson zur Erzieherin	Wird sie mein Kind mögen und verstehen? Kann ich von meinen Ängsten und Zweifeln sprechen?

Arbeitsblatt

	Kann ich vielleicht gar von meinem Mißtrauen sprechen? Wird sie mein Kind an sich reissen? Wird sie in Konkurrenz zu mir treten?
Erzieherin zum Kind	Wirst du Zugang zu mir finden? Werde ich deine Signale verstehen? Werde ich herausfinden können, was du brauchst? Wirst du mit den anderen Kindern auskommen? Wirst du dich hier gut einfinden?
Erzieherin zur Bindungsperson	Wird sie mich als Erzieherin ihres Kindes akzeptieren? Wird sie offen sein für Gespräche mit mir? Empfindet sie mich als Konkurrentin oder Partnerin? Wie bewertet sie meine Art zu arbeiten?

Die dritte Sitzung – fachlicher Input

Dauer der Sitzung	2,5 Stunden
Material	Stellwände, Flipcharts oder freie Wände, Flipchartbögen, dicke Filzstifte, Tesakrepp und die beschriebenen Flips der zweiten Sitzung zur Frage: Was würde Kindern, Eltern und Erzieherinnen helfen, besser mit der neuen Situation zurechtzukommen? Videocassette von INFANS »Die ersten Tage in der Krippe – Beispiele für eine kürzere und eine längere Eingewöhnungszeit«, Abspielgerät, Fernsehgerät
Arbeitsraum	ein für etwa 20 Personen ausreichend großer Raum, Bestuhlung im Kreis, keine Tische, eventuell eine Verdunklungsmöglichkeit, um das Video zu zeigen

In der dritten Sitzung der Arbeitsgruppe geht es um folgende Inhalte:

1. Anknüpfen an die Inhalte der letzten Sitzung: Bindungstheorie und Beziehungsdreieck
2. Videofilm »Die ersten Tage in der Krippe«
3. Erläuterungen zum INFANS-Eingewöhnungsmodell

Nach der Begrüßung der Teilnehmerinnen knüpft die Moderatorin an die zweite Sitzung an, indem sie das Vorgehen und die Inhalte noch einmal rekapituliert, insbesondere die Informationen zur Bindungstheorie und zum Beziehungsdreieck.
Die Ergebnisse der Untergruppen zur letzten Fragestellung der zweiten Sitzung waren noch nicht ins Plenum zurückgeführt worden. Deshalb beginnt die dritte Sitzung damit. In Kurzberichten, die insgesamt nicht mehr als 15 Minuten in Anspruch nehmen, stellen die Untergruppen ihre Ergebnisse vor, die sie zu der Frage »Was würde Kindern, Eltern und Erzieherinnen helfen, besser mit der neuen Situation zurechtzukommen?« erarbeitet hatten. Die Flips mit den Vorschlägen werden aufgehoben, damit sie im Zusammenhang mit der Arbeit an der Skala als Anregung zur Verfügung stehen.

Im Zentrum der dritten Sitzung steht der von INFANS herausgegebene Videofilm zur Eingewöhnung von Kindern in eine Krippengruppe. Er präsentiert zwei unterschiedliche Arten der Eingewöhnung, eine kurze

von sechs Tagen und eine länger dauernde. Das Eingewöhnungsmodell von INFANS[10], das dem Film zugrunde liegt, greift konzeptionell die Aussagen der Bindungstheorie auf. Insofern tauchen im Film, der sehr gut kommentiert ist, aus der Bindungstheorie bekannte Begriffe wie Bindungsmuster, Bindungspersonen und Bindungsbeziehungen auf.
Aus zeitlichen Gründen wird in der Sitzung nur der erste Film gezeigt, der die kurze Eingewöhnung schildert. Es ist zu empfehlen, daß jede Erzieherin bei Gelegenheit auch den Film zur längeren Eingewöhnung anschaut, der zirka 45 Minuten dauert.
Der in der Sitzung zu zeigende Streifen läuft etwa 70 Minuten lang. Es empfiehlt sich, ihn im Anschluß an die einzelnen Eingewöhnungstage jeweils kurz anzuhalten, um mit den Teilnehmerinnen über ihre Eindrücke ins Gespräch zu kommen.
Das Eingewöhnungsmodell von INFANS, im Film erläutert, wird abschließend um die Aspekte ergänzt, die bei einer längeren Eingewöhnung zum Tragen kommen.

Für den Film und die Diskussion ist ein Zeitraum von zwei Stunden vorgesehen. Danach verabschiedet die Moderatorin die Teilnehmerinnen mit dem Hinweis, daß mit der dritten Sitzung die Information und inhaltliche Auseinandersetzung zum Thema »Eingewöhnung« vorerst abgeschlossen ist und es in den nächsten Sitzungen um die Erarbeitung der Qualitätsskala zur Eingewöhnung gehen wird.

Die vierte Sitzung – Beginn der Arbeit an der Skala zur Eingewöhnung

Dauer der Sitzung	2,5 Stunden
Material	Stellwände, Flipcharts oder freie Wände, Flipchartbögen, dicke Filzstifte, Tesakrepp, die beschriebenen Flips der zweiten Sitzung, die in der dritten Sitzung besprochen wurden
Arbeitsraum	siehe erste Sitzung

[10] Siehe: Ein Modell für die Gestaltung der Eingewöhnungssituation von Kindern in Krippen; INFANS (Hrsg.), Kleine Fachreihe zur Frühsozialisierung, Bd. 1, Berlin 1990

In der vierten Sitzung der Arbeitsgruppe geht es um folgende Inhalte:

1. Anknüpfen an die vorherige Sitzung
2. Rahmenkriterien für die Erstellung von Qualitätsstandards abstimmen
3. Bezugsgruppe definieren, für die der Eingewöhnungsstandard entwikkelt werden soll
4. Schlüsselprozesse für die Eingewöhnung identifizieren und Qualitätsziele formulieren

Nachdem die Moderatorin die Teilnehmerinnen begrüßt hat, werden die Inhalte der letzten Sitzungen kurz wiederholt, um allen den Einstieg ins Thema zu erleichtern. Es ist sinnvoll, die Inhalte der letzten Sitzung vorher stichpunktartig auf einem Flip aufzulisten, damit sie von allen nachvollzogen werden können.
Anschließend verschafft ein Überblick über den Ablauf der vierten Sitzung allen Teilnehmerinnen Orientierung und Einstimmung. Zehn Minuten sollten für den Einstieg reichen.

Um pädagogische Standards erarbeiten zu können, brauchen die Teilnehmerinnen Rahmenkriterien. Diese von der Steuerungsgruppe vorher aufgestellten Kriterien werden den Teilnehmerinnen vorgestellt und erläutert, bevor sie miteinander abgestimmt und eventuell ergänzt oder verändert werden.

> Die Rahmenkriterien für die Erarbeitung von pädagogischen Qualitätsstandards für Kindertagesstätten:
>
> 1. maximal zehn Merkmale;
> 2. Handlungsabläufe werden beschrieben;
> 3. aufgelistete Indikatoren sollen meßbar sein;
> 4. die exemplarische Erarbeitung wird für jeden Standard neu überprüft;
> 5. die Skalenwerte 1, 3, und 5 (Teilziele) sind inhaltlich orientiert am höchsten Standard (Qualitätsziel);
> 6. der überwiegende Teil der Kitas soll sich innerhalb der Skala wiederfinden können, also mindestens beim Wert 1;
> 7. der niedrigste Standard, der Skalenwert 1, soll ein Minimum an pädagogischer Qualität beinhalten.

Sind die Rahmenkriterien mit den Teilnehmerinnen der Arbeitsgruppe abgestimmt worden, geht es darum, zu überlegen, für welche Alters- oder

Entwicklungsstufe der Qualitätsstandard zur Eingewöhnung erarbeitet werden soll. Je nachdem, wie sich die Diskussion zu diesem Punkt gestaltet, kann es zu einer schnellen Einigung kommen oder auch erheblich länger dauern. Wenn sich die Steuerungsgruppe im Vorfeld Gedanken zur Definition der Bezugsgruppe gemacht hat und ihre Vorschläge in der Arbeitsgruppe erläutert, erleichtert das diesen Arbeitsschritt, für den etwa 15 Minuten veranschlagt werden.

Es hat sich bislang gezeigt, daß die Eingewöhnungsskala für Kinder bis zu drei Jahren am umfangreichsten ausfällt, was die Beteiligung und Einbeziehung von Eltern betrifft. Insofern ist zu empfehlen, die Skala für diese Altersgruppe zu erarbeiten. Die Eingewöhnung älterer Kinder kann auf dieser Grundlage modifiziert werden. Auch Zielvereinbarungen können mit veränderten Überlegungen für ältere Kinder abgeschlossen werden.
Besonders wichtig scheint jedoch zu sein, daß es ausreichend Spielräume für die Gestaltung von Eingewöhnungsprozessen gibt, wenn nicht alles in Skalen erfaßt wird. Da immer mehr Erzieherinnen in altersgemischten Kindergruppen arbeiten, wird die inhaltliche Diskussion in jedem Fall durch die Skala angeregt, die auch Voraussetzungen dafür schafft, sich zur Eingewöhnung älterer Kinder kind- und elterngerechte Maßnahmen zu überlegen.

In der Hauptsache widmet sich die vierte Sitzung der Beschreibung von Qualitätszielen für die Eingewöhnung. In drei bis vier Untergruppen werden die folgenden Impulsfragen diskutiert. Sie sollen helfen, wesentliche Aspekte oder Handlungen zu beschreiben, die eine optimale Eingewöhnung kennzeichnen.

> Impulsfragen:
> Welche Prozesse und Arbeitsabläufe sind für die optimale Eingewöhnung besonders relevant?
> Wie müssen diese Prozesse und Abläufe aussehen?
> Wer muß dafür was tun?

Um die Diskussion in den Untergruppen zu effektivieren, kann die Moderatorin folgenden Hinweis geben: »Beschreibt bitte nicht mehr als zehn Merkmale. Löst euch bei der Überlegung nach Optimalem von möglichst vielen ›Ja aber!‹ Berücksichtigt die Plakate der zweiten Sitzung für eure Überlegungen. Ihr habt etwa eine Stunde Zeit für die Gruppenarbeit. Sollte das nicht reichen, reden wir über eine Verlängerung von maximal 30 Minuten.

Die Arbeitsergebnisse schreibt bitte möglichst deutlich auf einzelne Karten, damit wir die Gruppenergebnisse später im Plenum leichter auswerten können.«

Die Arbeitsergebnisse werden abschließend, unabhängig davon, wie weit die einzelnen Gruppen gekommen sind, im Plenum ausgetauscht. Die eingesammelten Karten werden dazu nach inhaltlichen Schwerpunkten sortiert. Die Teilnehmerinnen unterstützen die Moderatorin dabei mit eigenen Zuordnungsvorschlägen.
Mit einer kurzen Zusammenfassung der Arbeitsergebnisse wird die vierte Sitzung abgeschlossen. Es erleichtert die Arbeit auf der nächsten Sitzung, wenn sich eine Untergruppe bereit erklärt, die gesammelten Karten zu sichten und mit Hilfe dieses Materials einen Entwurf für den höchsten Qualitätsstandard zusammenstellen.

Die fünfte Sitzung – Arbeit an der Skala zur Eingewöhnung

Dauer der Sitzung	2,5 Stunden
Material	Stellwände, Flipcharts oder freie Wände, Flipchartbögen, dicke Filzstifte, Tesakrepp Hat eine Untergruppe einen Entwurf für den höchsten Qualitätsstandard übernommen und fertiggestellt, muß für ausreichend Kopien dieser Vorlage gesorgt werden.
Arbeitsraum	siehe erste Sitzung

In der fünften Sitzung der Arbeitsgruppe geht es um folgende Inhalte:

1. Anknüpfen an die vierte Sitzung, Ergänzen oder Verändern der Vorlage
2. Qualitätsteilziele, also die Standardwerte 5, 3 und 1, erarbeiten
3. Arbeitsergebnisse austauschen, erste Abstimmung

Nach der Begrüßung der Teilnehmerinnen erläutert die Moderatorin in Kürze, was Inhalt und Arbeitsweise der letzten Sitzung waren. Anschließend stellt sie den Ablauf der fünften Sitzung zur Orientierung und Einstimmung vor. Fünf Minuten dürften dafür ausreichen.

Danach teilt sie die Vorlagen mit dem Entwurf der Untergruppe zum Standard 7 aus, der sich nur auf die Vorbereitung bezieht, also die Durchführung der Eingewöhnung betreffende Aspekte nicht berücksichtigt. Folgendermaßen könnte er aussehen:

Arbeitsblatt

Entwurf Qualitätsstandard 7 für die Eingewöhnung von Kleinkindern in Kindertagesstätten »Vorbereitung der Eingewöhnung«

Erstinformation:

Bei Anmeldung des Kindes erhalten die Eltern eine ihrem Interesse und Verständnis entsprechende, mehr oder weniger ausführliche Erstinformation zur Eingewöhnung in mündlicher Form. Sie wird ergänzt durch die Info-Broschüre zur Eingewöhnung.
Die Eltern erhalten auch das Info-Material der Kita, in der sie ihr Kind angemeldet haben. Das Kita-Infomaterial und die Eingewöhnungs-Broschüre liegen mehrsprachig vor.

Erster Informationskontakt mit der Kita:

Nach erfolgter Platzzusage findet ein Termin der Eltern mit der Kitaleiterin zu folgenden Inhalten statt:
kurzes Kennenlernen der Kita;
kurzes Vorstellen der Eingewöhnungs-Erzieherin;
Vereinbarung des Aufnahmetermins.
Dabei wird den Eltern der Aufnahmeablauf, zum Beispiel das gestaffelte Aufnahmeverfahren, in Ruhe erläutert.

Informationskontakt/erstes Kennenlernen:

Vor Beginn der Eingewöhnungszeit werden Eltern und Kind in die Gruppe eingeladen und lernen die Eingewöhnungs-Erzieherin kennen. Die Eingewöhnungs-Erzieherin wird während des Besuchs der Familie von einer anderen Kollegin in der Gruppenarbeit unterstützt, so daß sie ihre Aufmerksamkeit den neuen Eltern und ihrem Kind zuwenden kann.

Arbeitsblatt

Inhalte des Gesprächs:

allgemeines, erstes Kennenlernen der Gruppe und der Erzieherin;
Informationen zum Kitaalltag (was mitzubringen ist, zum Tagesablauf, zur Gruppe des Kindes);
erste persönliche Informationen zum Eingewöhnungsmodell;
weitere Terminabsprachen.

Eine Elternveranstaltung zum Thema »Eingewöhnung«...

... mit Videoausschnitten wird allen neuen Eltern vor dem Beginn der Eingewöhnungszeit ihrer Kinder angeboten.

Ein Elterngespräch zum Thema »Eingewöhnung«:

Einladung zum Elterngespräch mit der Eingewöhnungs-Erzieherin unmittelbar vor Beginn der Eingewöhnung. Das Gespräch ist geprägt von der Bereitschaft der Erzieherin, eine Grundakzeptanz gegenüber den Eltern zu entwickeln.

Inhalte des Gesprächs:

persönliches Vorstellen der Erzieherin (beruflicher Werdegang, Informationen über den eigenen Zugang zum Thema „Eingewöhnung“...);
individuelle Situation der Eltern;
Einstellung zur Tagesbetreuung (Beziehungs-Dreieck);
Informationen über das Kind (Gewohnheiten, Besonderheiten ...);
Informationen zu seinen Lebensbedingungen (Alltag, Geschwister, Bezugspersonen ...);
konkrete Handlungshinweise, Informationen und Empfehlungen für die ersten Tage der Eingewöhnung (zum Beispiel Verhaltenshinweise zum Abschied ...).

Der Entwurf wird gemeinsam gelesen, diskutiert, ergänzt und nötigenfalls verändert. Das gleiche gilt auch für den Entwurf, in dem Vorschläge zur Durchführung der Eingewöhnung zusammengestellt werden. Dieser Arbeitsschritt findet im Plenum, also mit allen Beteiligten gemeinsam statt, auch wenn dies eventuell etwas mühsam und zeitaufwendig ist. Zeigt sich, daß der Diskussionsbedarf an bestimmten Stellen hoch ist, können für etwa 20 Minuten gebildete Untergruppen diese entsprechenden Inhalte ausführlicher bearbeiten und die Vorschläge danach wieder ins Plenum tragen.
Nachdem alle Teilnehmerinnen die Entwürfe akzeptiert haben, werden Untergruppen gebildet, die, ausgehend vom eben bestätigten höchsten Qualitätsstandard, die niedrigeren Standardwerte 5, 3 und den Mindeststandard 1 formulieren.
Beim Qualitätsstandard »Eingewöhnung« ist es empfehlenswert, jeweils eine oder mehrere kleine Gruppen zur Vorbereitung der Eingewöhnung und zur Durchführung der Eingewöhnung zu bilden. Diese Bereiche bilden jeweils miteinander zusammenhängende Sinneinheiten, die auch als solche bearbeitet werden sollten.

Hinweise zur Skalierung:

Aufgabe der Beraterin in dieser Sitzung ist es, die Arbeitsgruppen auf eine sinnvolle Skalierung hinzuweisen:
Die in den einzelnen Standardwerten zusammengefassten Inhalte müssen zueinander passen. Deshalb hat es sich bewährt, die Qualitätsstandards untereinander relativ gleichmäßig abzustufen. Das heißt, der Abstand zwischen Standardwert 1 und 3 sollte nicht wesentlich kleiner oder größer sein als der zwischen Standardwert 3 und 5.
Die in den niedrigeren Standardwerten formulierten Inhalte müssen sich am Inhalt des höchsten Qualitätsstandards orientieren. Anders ausgedrückt: Die Formulierungen der Qualitätsteilziele müssen sich auf das im Standard 7 formulierte Qualitätsziel beziehen.
Wichtig ist auch, daß die Skaleninhalte nach Möglichkeit »messbar« sind. Das heißt, es sollte möglich sein, eindeutig zu beantworten, ob die Erzieherin die in der Skala genannten Handlungen ausführt oder nicht. Um das herauszufinden, muß man positive Formulierungen wählen.

Tips zur Arbeitsweise:

Die Arbeitsergebnisse werden von den Arbeitsgruppen auf einem dreigeteilten Papierbogen (Flipchartgröße) eingetragen. Die Inhalte des Standardwertes 7 liegen allen Beteiligten als Vorlage vor, so daß die Abstufungen zu den Standards 5, 3 und 1 auf dem Bogen eingetragen werden können. Es ist zu empfehlen, mit jeweils einem Merkmal des Standards 5 zu beginnen, bei 3 weiterzuarbeiten und zuletzt die Inhalte des Standards 1 einzutragen.
Nicht alle Hinweise und Tips müssen akribisch von den Mitgliedern der Untergruppen umgesetzt werden. Feinarbeit kann bei der redaktionellen Überarbeitung der Ergebnisse noch geleistet werden. Für die Skalierung sind insgesamt 75 Minuten veranschlagt.
Nachdem die Untergruppen ihre Arbeit beendet haben, findet ein kurzer Austausch der Arbeitsergebnisse im Plenum statt. Auch wenn eine Gruppe die Skalierung noch nicht vollständig abgeschlossen hat, sollte auf diesen Austausch nicht verzichtet werden.
Eine Untergruppe, die am Ende der Sitzung gebildet wird, übernimmt die redaktionelle Überarbeitung der Skala und vervollständigt, wenn nötig, die Skalierung. Ihre Arbeitsergebnisse werden in der sechsten Sitzung gebraucht.

Die sechste Sitzung – Abschluß der Arbeit an der Skala zur Eingewöhnung

Dauer der Sitzung	2 Stunden
Material	siehe vorherige Sitzungen, Arbeitsergebnisse der fünften Sitzung, kopiert für alle Teilnehmerinnen
Arbeitsraum	wie in den vorherigen Sitzungen

In der sechsten Sitzung geht es um folgende Inhalte:

1. Abstimmung der Eingewöhnungsskala
2. Informationen zur weiteren Arbeit
3. Auswertung der Zusammenarbeit

Nach der Begrüßung der Teilnehmerinnen wird der von einer Untergruppe vorbereitete Entwurf der Eingewöhnungsskala (siehe S.64ff) an alle Teilnehmerinnen verteilt, gemeinsam gelesen und miteinander abgestimmt. Sollte es noch Nachbesserungsbedarf geben, können kleine, für

20 bis 30 Minuten gebildete Gruppen die entsprechenden Stellen bearbeiten. Insgesamt sollten diese Arbeitsschritte nicht länger als 50 bis 70 Minuten dauern.

Informationen zur weiteren Arbeit

Im zweiten Teil der Sitzung werden Steuerungsgruppe und Werkstattleitung über die weitere Arbeit informieren, zum Beispiel über die als nächste zu erarbeitenden Qualitätsstandards, über Umsetzungsplanungen oder ähnliches. Vielleicht wird die Entscheidung über den pädagogischen Qualitätsstandard, der als nächster an die Reihe kommt, auch in der Arbeitsgruppe getroffen. Deshalb ist zu empfehlen, daß sich die Steuerungsgruppe im Vorfeld mit den Ausführungen zur Themenauswahl beschäftigt.

Auswertung der Zusammenarbeit

Um die gemeinsamen Arbeitserfahrungen von Eltern, Erzieherinnen, Kitaleiterinnen und Vertretern des Fachamtes auszuwerten, sind verschiedene Verfahren denkbar. Drei Möglichkeiten sollen hier in Kürze vorgestellt werden.

1. Ein Auswertungsgespräch oder eine Auswertungsrunde im Plenum, beispielsweise zu den Fragen: »Was hat euch an der Arbeit in dieser Arbeitsgruppe gefallen?« und »Was hat euch nicht gefallen?«

2. Die Auswertung in kleinen Gruppen, ebenfalls zu den genannten Fragen. Die Arbeitsergebnisse werden anschließend im Plenum vorgetragen.

3. Die »Marktsituation«
   Verschiedene Satzanfänge werden auf große Papierbögen geschrieben und von den Teilnehmerinnen vervollständigt. Dazu bewegen sich die Teilnehmerinnen durch den Raum, gehen zu den an verschiedenen Stellen ausliegenden Blättern, schreiben etwas hinzu und gehen weiter. Satzanfänge können zum Beispiel sein:

   Mir hat hier am besten gefallen, ...
   An der Zusammenarbeit zwischen Eltern und Pädagogen fand ich am bemerkenswertesten, ...
   Schwierigkeiten hatte ich mit ...

Den Sitzungsaufbau fand ich ...
Zum Schluß schauen sich alle die beschriebenen Bögen an, eventuell werden einzelne Aspekte noch einmal besprochen.

Bevor die Gruppe auseinandergeht, sollte die gemeinsame Arbeit zusammenfassend gewürdigt werden. Mitglieder der Steuerungsgruppe oder der Werkstattleitung danken allen Teilnehmerinnen für ihre Mitarbeit.

Die Eingewöhnungs-Skala

Da die auf den folgenden Seiten dokumentierten Arbeitsergebnisse denen vergleichbar sind, die bei verschiedenen Trägern in ähnlicher Weise entstanden, wurde die abgebildete Skala leicht abgewandelt, um deren Arbeitsergebnisse zu schützen.
Sie zeigt jedoch, daß es möglich ist, auch mit einer nichtwissenschaftlichen Herangehensweise zu beachtlichen Ergebnissen zu kommen. Was die Meßbarkeit der vorliegenden Skalenwerte angeht – sie wäre sicherlich noch zu verbessern. Doch in der Handhabung hat sie sich als tauglich bewährt.[11]

[11] Vgl. S. 122, Erfahrungen der Projektkitas bei der Umsetzung

Pädagogischer Qualitätsstandard »Eingewöhnung« – vor der Eingewöhnung

Merkmal	Standardwert 1	Standardwert 3	Standardwert 5	Standardwert 7
Erstinformation Eingewöhnungsbroschüre		Bei Anmeldung ihres Kindes erhalten Eltern von der Leitung die Eingewöhnungsbroschüre in deutscher Sprache.	Bei Anmeldung ihres Kindes erhalten Eltern von der Leitung die Eingewöhnungsbroschüre. Die Eingewöhnungsbroschüre gibt es auch noch in der Sprache, die neben deutsch am häufigsten gesprochen wird.	Bei Anmeldung ihres Kindes erhalten Eltern von der Leitung die Eingewöhnungsbroschüre. Die Eingewöhnungsbroschüre kann auch in türkischer, russischer und englischer Sprache an Eltern gegeben werden.
Erster Informationskontakt in der Kita	Nach Platzzusage findet ein Termin der Eltern mit der Leitung statt. 1. erstes Kennenlernen des Hauses	Nach Platzzusage findet ein Termin der Eltern mit der Leitung statt. 1. erstes Kennenlernen des Hauses	Nach Platzzusage werden Eltern und Kind zu einem ersten Termin in die Kita eingeladen. Dieser Termin der Leitung, an dem nach Möglichkeit auch die Eingewöhnungs-Erzieherin teilnimmt, hat folgende Inhalte: 1. erstes Kennenlernen der Personen und des Hauses	Nach Platzzusage werden Eltern und Kind zu einem ersten Termin in die Kita eingeladen. Dieser Termin mit Leitung und Eingewöhnungs-Erzieherin hat folgende Inhalte: 1. erstes Kennenlernen der Personen und des Hauses

Merkmal	Standardwert 1	Standardwert 3	Standardwert 5	Standardwert 7
	2. Informationen zum Kitaalltag 3. Informationen über das Kind 4. Aufnahmezeitpunkt wird den Eltern mit-geteilt	2. Informationen zum Kitaalltag 3. erste Erläuterungen zur Eingewöhnung 4. Aufnahmezeitpunkt absprechen und wei-tere Terminab-sprachen	2. Informationen zum Kitaalltag 3. erste Erläuterungen zur Eingewöhnung 4. Aufnahmezeitpunkt absprechen und wei-tere Terminab-sprachen	2. Informationen zum Kitaalltag 3. erste Erläuterungen zur Eingewöhnung 4. Aufnahmezeitpunkt absprechen und wei-tere Terminab-sprachen
Elternveranstaltung			Allen neuen Eltern wird eine Informations-veranstaltung zum Thema Eingewöhnung angeboten. Diese findet vor dem Aufnahmetag des Kindes statt.	Allen neuen Eltern wird eine Informations-veranstaltung zum Thema Eingewöhnung angeboten. Diese findet vor dem Aufnahmetag des Kindes statt.
Elterngespräch zur Eingewöhnung		Die Eltern werden von der Eingewöhnungs-Erzieherin zu einem Elterngespräch einge-laden.	Unmittelbar vor der Eingewöhnung des Kindes werden die El-tern von der Einge-wöhnungs-Erzieherin zu einem Gespräch einge-laden.	Unmittelbar vor der Eingewöhnung des Kindes werden die Eltern von der Einge-wöhnungs-Erzieherin zu einem Gespräch einge-laden.

Merkmal	Standardwert 1	Standardwert 3	Standardwert 5	Standardwert 7
			Die Umgangsform der Erzieherin mit den Eltern ist respektvoll, freundlich und zugewandt.	Die Umgangsform der Erzieherin mit den Eltern ist respektvoll, freundlich und zugewandt.
		1. Situation des Kindes und seiner Familie im Gespräch kennenlernen 2. Konkrete Handlungshinweise für die Eingewöhnung des Kindes	1. individuelle Situation des Kindes besprechen, Vorlieben, Gewohnheiten ... 2. Lebensbedingungen/ Umfeld des Kindes wie Geschwister, kult. Besonderheiten ... 3. Konkrete Handlungshinweise und Empfehlungen für die ersten Tage der Eingewöhnung, zum Beispiel Verhaltenshinweise zum Abschied	1. individuelle Situation des Kindes besprechen, Vorlieben, Gewohnheiten ... 2. Lebensbedingungen/ Umfeld des Kindes wie Geschwister, kult. Besonderheiten ... 3. Einstellung der Eltern zur Tagesbetreuung ansprechen, Wünsche, Ängste ... 4. Konkrete Handlungshinweise und Empfehlungen für die ersten Tage der Eingewöhnung, zum Beispiel Verhaltenshinweise zum Abschied

Pädagogischer Qualitätsstandard »Eingewöhnung« – die Durchführung

Merkmal	Standardwert 1	Standardwert 3	Standardwert 5	Standardwert 7
Ziel der Eingewöhnung		Die Erzieherin gewöhnt das Kind an die alltäglichen Abläufe in der Kindertagesstätte. Sie baut eine Beziehung zum Kind auf.	Die Eingewöhnungs-Erzieherin gewöhnt das Kind kontinuierlich bis zur Bindungsaufnahme zwischen Kind und Erzieherin ein.	Die Eingewöhnungs-Erzieherin gewöhnt das Kind kontinuierlich bis zur stabilen Bindung zwischen Kind und Erzieherin ein.
Durchführung der Eingewöhnung Der erste Tag	Am ersten Tag hält sich das Kind mit seiner Bezugsperson und der Erzieherin 1. in der Kindergruppe 2. für höchstens 1 Stunde 3. im Gruppenraum oder auf dem Spielplatz der Kindertagesstätte auf. Die Erzieherin gewöhnt das Kind an die alläglichen Abläufe in der Kita.	Am ersten Tag hält sich das Kind mit seiner Bezugsperson und der Eingewöhnungs-Erzieherin 1. mit maximal 6 anderen Kindern 2. für höchstens 1 Stunde 3. im Gruppenraum auf. Die Erzieherin hält vorbereitetes Spielzeug bereit.	Am ersten Tag hält sich das Kind mit seiner Bezugsperson und der Eingewöhnungs-Erzieherin 1. mit maximal 4 anderen Kindern 2. für höchstens 1 Stunde 3. im Gruppenraum auf. Die Erzieherin hält das im Vorgespräch verabredete Spielzeug bereit.	Am ersten Tag hält sich das Kind mit seiner Bezugsperson und der Eingewöhnungs-Erzieherin 1. ohne andere Kinder 2. für höchstens 1 Stunde 3. zu einer für das Kind bestmöglichen Tageszeit 4. im Gruppenraum auf. Die Erzieherin hält das im Vorgespräch verabredete Spielzeug bereit.

Merkmal	Standardwert 1	Standardwert 3	Standardwert 5	Standardwert 7
	Sie bietet sich dem neuen Kind als Spielpartner an.	Sie bietet sich dem einzugewöhnenden Kind als Kontaktperson an.	Sie verhält sich beobachtend und bietet sich dem einzugewöhnenden Kind zurückhaltend und aufmerksam als Kontaktperson an.	Sie verhält sich beobachtend und bietet sich dem einzugewöhnenden Kind zurückhaltend und aufmerksam als Kontaktperson an.
Der zweite und dritte Tag	wie am 1. Tag	wie am 1. Tag, zusätzlich: Die Erzieherin übernimmt nach und nach die von der Bezugsperson begonnenen Pflegesituationen.	wie am 1. Tag, zusätzlich: Die Erzieherin greift die vom Kind am Vortag bevorzugte Spielsituation wieder auf. Die Bezugsperson übernimmt pflegerische Tätigkeiten während der Anwesenheit des Kindes. Die Erzieherin assistiert ihr dabei und bietet dem Kind Kontakt an.	wie am 1. Tag, zusätzlich: Die Erzieherin greift die vom Kind am Vortag bevorzugte Spielsituation wieder auf. Sie intensiviert unaufdringlich und behutsam den Kontakt zum Kind. Am dritten Tag werden während des Aufenthaltes des Kindes pflegerische Tätigkeiten von der Bezugsperson durchgeführt. (füttern, wickeln)

Merkmal	Standardwert 1	Standardwert 3	Standardwert 5	Standardwert 7
				Die Erzieherin assistiert ihr dabei, bietet dem Kind Kontakt an und reagiert auf die Kontaktwünsche des Kindes.
Der vierte Tag	wie am 1. Tag, zusätzlich: Erste Trennung von der Bezugsperson. Die Erzieherin übernimmt pflegerische Tätigkeiten.	wie die ersten 3 Tage, zusätzlich: Der erste Trennungsversuch der Bezugsperson vom Kind für 10-20 Min. Die Auswertung der Trennung findet ohne Beteiligung der Eltern statt.	wie die ersten 3 Tage, zusätzlich: Der erste Trennungsversuch der Bezugsperson vom Kind für 10-20 Min. Ein Auswertungsgespräch zur Trennung und weiteren Eingewöhnung findet gemeinsam mit der Bezugsperson statt. Das Gefühl der Bezugsperson bei der Trennung wird einfühlsam besprochen.	wie die ersten 3 Tage, zusätzlich: Der erste, mit der Bezugsperson gut vorbereitete Trennungsversuch vom Kind für ca. 10-20 Min. Ein Auswertungsgespräch zur Trennung und weiteren Eingewöhnung findet gemeinsam mit der Bezugsperson statt. Das Gefühl der Bezugsperson bei der Trennung wird einfühlsam besprochen.

Merkmal	Standardwert 1	Standardwert 3	Standardwert 5	Standardwert 7
		Der Bezugsperson des Kindes steht während ihrer Abwesenheit aus dem Gruppenraum eine Aufenthaltsmöglichkeit zur Verfügung.	Der Bezugsperson des Kindes steht während ihrer Abwesenheit aus dem Gruppenraum eine angenehme Aufenthaltsmöglichkeit zur Verfügung.	Der Bezugsperson des Kindes steht während ihrer Abwesenheit aus dem Gruppenraum eine angenehme Aufenthaltsmöglichkeit zur Verfügung.
Der fünfte Tag	wie die ersten 3 Tage zusätzlich:	Am fünften Tag ist das neue Kind mit den anderen Kindern der Gruppe zusammen.	Am fünften Tag werden maximal 8 andere Kinder der Gruppe hinzugenommen.	Am fünften Tag werden maximal 6 andere Kinder der Gruppe hinzugenommen.
	Die Trennungszeit der Bezugsperson vom Kind wird erweitert Die Bezugsperson hält sich in der unmittelbaren Nähe der Kita auf oder ist telefonisch sicher erreichbar.	Abhängig von der Auswertung des 4. Tages werden die Trennungszeiten auf 1 Stunde erweitert, oder es werden weitere Stabilisierungstage ohne Trennungsversuche durchgeführt.	Abhängig von der Auswertung des 4. Tages werden die Trennungszeiten auf 1 Stunde erweitert, oder es werden weitere Stabilisierungstage ohne Trennungsversuche durchgeführt.	Abhängig von der Auswertung des 4. Tages werden die Trennungszeiten auf 1 Stunde erweitert, oder es werden weitere Stabilisierungstage ohne Trennungsversuche durchgeführt.

Merkmal	Standardwert 1	Standardwert 3	Standardwert 5	Standardwert 7
Der weitere Verlauf	Die Trennungszeiten werden ausgeweitet.	Der weitere Verlauf der Eingewöhnung wird individuell auf das Kind abgestimmt (Siehe 5. Tag). Die Trennungszeiten werden nach gelungener Trennung ausgeweitet.	Der weitere Verlauf der Eingewöhnung wird individuell auf das Kind abgestimmt (Siehe 5. Tag). Die Trennungszeiten werden nach gelungener Trennung ausgeweitet. Vor Wochenenden und an Montagen wird das Kind nicht mit neuen Situationen konfrontiert.	Der weitere Verlauf der Eingewöhnung wird individuell auf das Kind abgestimmt (Siehe 5. Tag). Die Trennungszeiten werden nach gelungener Trennung ausgeweitet. Vor Wochenenden und an Montagen wird das Kind nicht mit neuen Situationen konfrontiert.
Ende der Eingewöhnung	Die Eingewöhnung gilt als abgeschlossen, • wenn sich das Kind an den alltäglichen Ablauf gewöhnt hat.	Die Eingewöhnung gilt als abgeschlossen, • wenn sich das Kind trösten läßt, • wenn es Essen und Wickeln als normale Alltagsverrichtungen durch die Erzieherin hinnimmt.	Die Eingewöhnung ist abgeschlossen, • wenn sich das Kind trösten läßt, • wenn es Körperkontakt zuläßt oder wünscht, • wenn es Essen und Wickeln als normale Alltagssituationen akzeptiert.	Die Eingewöhnung ist abgeschlossen, • bei sichtb. Bindung zwischen Kind und Erzieherin • wenn es sich trösten läßt • wenn es Körperkontakt herstellt oder wünscht

Merkmal	Standardwert 1	Standardwert 3	Standardwert 5	Standardwert 7
Ende der Eingewöhnung				• wenn es Essen und Wickeln als normale Alltagssit. akzeptiert
			Die Dauer der Eingewöhnung ist abhängig vom Bindungsaufbau zur Erzieherin und der zeitweisen Loslösung von der Bezugsperson. Sie umfaßt mind. 6 und max. 20 Kitatage.	Die Dauer der Eingewöhnung ist abhängig vom Bindungsaufbau zur Erzieherin und der zeitweisen Loslösung von der Bezugsperson. Sie umfaßt mind. 6 und max. 20 Kitatage.

■ Was beim Transfer in die Kitas zu berücksichtigen ist

Wer plant und steuert das Vorgehen?

Die Werkstatt »Qualitätsentwicklung in Kindertagesstätten« wird seit Januar 1997 von einer Steuerungsgruppe geplant und koordiniert. Erst während der Planungsphase für den Transferprozess bildete sich diese Gruppe. Die Steuerungsgruppe ist für das Gelingen eines umfangreichen Qualitäts- sowie Personalentwicklungsprozesses die zentrale Schaltstelle für die gesamte Werkstattkoordination. Sie dokumentiert mit ihrer Zusammensetzung und Arbeitsweise zudem einige grundlegende Prinzipien der Werkstatt: Partizipation, Transparenz, Zielorientierung und Prozessdenken.

Eigentlich hätte es schon vor Beginn der Arbeit an den Qualitätsstandards eine koordinierende und planende Gruppe geben müssen, in der Vertreterinnen der verschiedenen Interessengruppen die gesamte Werkstatt tragen. Da jedoch keine vergleichbaren Erfahrungen vorlagen, blieb uns nur »learning by doing«, und viele Ideen, auch zur Prozessplanung und -steuerung, entstanden erst bei der Arbeit.
Die Notwendigkeit, Steuerungs- und Planungsaufgaben auf mehrere Schultern zu verteilen, ergab sich, als wir darüber nachdachten, wie die inzwischen fertigen pädagogischen Qualitätsstandards in die Kitas gelangen sollten.
Auf einer Vollversammlung der Arbeitsgruppen wurde die Idee einer Steuerungsgruppe vorgestellt, in der Erzieherinnen, Kitaleiterinnen und Fachamt wie auch Eltern vertreten sein sollten. Die Werkstattleitung sollte weiterhin bei der Kitaberatung liegen.

Sieben Personen interessierten sich dafür, eine von mir begleitete Steuerungsgruppe zu bilden: drei Erzieherinnen, zwei Leiterinnen, eine Eltern-

vertreterin und ein Vertreter des Fachamts. In den regelmäßig stattfindenden Arbeitstreffen ging es zunächst darum, Klarheit über das eigene Selbstverständnis zu gewinnen und die Aufgaben der Steuerungsgruppe zu umreissen.
Das Selbstverständnis der Steuerungsgruppe läßt sich so beschreiben: Die Gruppe stimmt alle weiteren Werkstattplanungen miteinander ab. Da die Mitglieder aus ihren jeweiligen Funktionen heraus über unterschiedliche Informationen verfügen, werden in der Steuerungsgruppe Informationen gebündelt und für den Werkstattablauf genutzt. Planungen erhalten auf diese Weise fundiertere und differenziertere Grundlagen.

Ein Beispiel soll zeigen, wie sich, ausgehend vom Selbstverständnis der Steuerungsgruppe, bestimmte Aufgabenstellungen entwickelten:
In der Steuerungsgruppe fließen unterschiedliche Informationen aus den verschiedenen Kitas zusammen. So wurde ein Mitglied gezielt darüber informiert, daß die neu entwickelten Qualitätsstandards in mindestens einer Kindertagesstätte von der Leiterin dazu benutzt werden, »endlich Druck machen zu können«. Ein anderes Mitglied wurde darüber informiert, daß eine Erzieherin, die an der Erarbeitung eines Qualitätsstandards beteiligt war, voller Begeisterung in ihrer Kita daüber erzählt hatte. Daraufhin griffen ihre Kolleginnen sie an. Von der Leiterin erhielt sie keine Rückendeckung in dieser Auseinandersetzung. Zwar war das Material zu diesem Zeitpunkt noch nicht zur Nutzung freigegeben, es bestand aber kein Verbot, es anderen Kolleginnen zu zeigen. Das wäre auch absurd gewesen.
Weshalb erwähne ich diese Querelen? Sie beschreiben eine besondere Arbeitsphase. Wir hatten Papiere erarbeitet, von denen einige Kolleginnen wußten, daß sie für alle kommunalen Einrichtungen im Stadtbezirk verbindlich werden könnten. Aber nur wenige Kolleginnen wußten darüber genaueres. Dieser unklare Informationsstand löste Unsicherheiten, voreiliges Handeln, Ängste und Widerstände aus.
Informationen, die an einer Stelle zusammenlaufen, können sehr hilfreich sein, um fehllaufende Prozesse zu identifizieren oder Anhaltspunkte für notwendige Steuerungsmaßnahmen zu finden. Solche Informationen können Menschen vermitteln und erhalten, die »mitten drin sind«.
Die Steuerungsgruppe nahm sich also vor, den gesamten Reinickendorfer Kitabereich grundlegend und systematisch zu informieren. Um das sachgerecht tun zu können – man bedenke: 1200 Erzieherinnen, 60 Kitaleiterinnen und mehrere tausend Eltern waren in Kenntnis zu setzen –, mußte der Informationsprozeß geradezu strategisch und vor allem systematisch geplant werden.

Aufgaben der Steuerungsgruppe im Jahr 1997:

1. Werkstatt-Abstimmungsgespräche mit dem Fachamt
2. Planung und regelmäßige Herausgabe eines Qualitäts-Info-Blattes für alle im Reinickendorfer Kitabereich Beschäftigten und für Eltern
3. Veranstaltung von zweimonatigen Jour Fixen, um pädagogischen Mitarbeiterinnen Gelegenheit zu geben, sich über den aktuellen Stand der Werkstatt zu informieren, sich kritisch damit auseinanderzusetzen und Fehlinformationen zu korrigieren
4. Mitwirken an diversen Informationsveranstaltungen für Erzieherinnen und Kitaleitungen zu Inhalten und zum Verlauf der Werkstatt
5. Planungsbeteiligung, bezogen auf die Prozesse in den Projektkitas, regelmäßiger Austausch mit der Arbeitsgruppe »Projektkitas«
6. Planungsbeteiligung, bezogen auf die Aufgaben der Arbeitsgruppe »Qualitätssicherung«, regelmäßiger Austausch mit dieser Arbeitsgruppe.

Aufgaben der Steuerungsgruppe im Jahr 1998:

1. Werkstatt-Abstimmungsgespräche mit dem Fachamt
2. Unregelmäßigere Herausgabe des Qualitäts-Info-Blattes
3. Planung und Durchführung eines Fachtages zum Thema »Qualitätsentwicklung in Reinickendorfer Kindertagesstätten«
4. Planung einer systematischen Leitungsqualifizierung zum Transfer der Qualitätsstandards in jede Kita
5. Mitarbeit in den »Werkstattgruppen für Kitaleiterinnen«
6. Planung einer Moderatorenschulung für Kitaleiterinnen und für die zuständigen Mitarbeiterinnen aus dem Fachamt
7. Planung des weiteren Werkstattverlaufs, da die Werkstatt-Beraterin ab 1999 nicht mehr kontinuierlich zur Verfügung steht und eine andere Kita-Beraterin mit Unterstützung der Steuerungsgruppe deren Aufgaben übernehmen soll.

Wie werden Erzieherinnen, Leiterinnen und Eltern informiert?

Zum Transferprozess, der im wesentlichen von der Steuerungsgruppe geplant wird, gehört als erste zentrale Aufgabe die regelmäßige und systematische Information des gesamten Arbeitsbereichs und der interessierten Elternschaft.
Kommen auf einen Arbeitsbereich Veränderungen zu, werden die Mitarbeiterinnen häufig vor vollendete Tatsachen gestellt. Die Leitung trifft Entscheidungen, über deren Hintergründe, Inhalte und Ziele die Betroffenen oft im Ungewissen gelassen werden oder nur Fragmenthaftes erfahren.
Veränderungen verunsichern immer, mehr oder weniger, weil wir nicht abschätzen können, was auf uns zukommt. Sind wir darüber hinaus schlecht informiert oder konnten wir uns an den Veränderungen nicht beteiligen, wecken sie verständlicherweise Abwehrreaktionen in uns.
Um das zu vermeiden, sollten nicht nur möglichst viele Mitarbeiterinnen und interessierte Eltern an der Werkstatt beteiligt, sondern alle Betroffenen, bevor sie selbst direkt in die Umsetzung einbezogen sind, so gut wie möglich informiert werden. Die Information sollte mehrgleisig erfolgen. Das bedeutet, daß sie mehrfach und in unterschiedlicher Weise an die Adressaten gelangen sollte.

Die Steuerungsgruppe übernahm die Aufgabe, regelmäßig und zuverlässig über den Prozeß zu informieren. Im Verlaufe des Prozesses hatte sie eine Informationsmenge zu bewältigen, die ständig wuchs. Sie löste dieses Problem mit einem Informationsblatt, das zweimal im Monat erschien. Daneben gewährleisteten regelmäßig stattfindende Veranstaltungen, die als »Marktsituationen« gestaltet waren, daß die Informationen nicht nur schriftlich weitergegeben wurden, sondern auch besprochen werden konnten. Diese »Jour-Fixe«, verbunden mit einer Werkstattpräsentation der zum jeweiligen Zeitpunkt Beteiligten, luden zu Gesprächen und vertiefenden Auseinandersetzungen ein.

Weitere Informationsveranstaltungen, die speziell für die Kitaleiterinnen konzipiert wurden, sorgten dafür, daß die Leiterinnen über alles, was neu auf den Arbeitsbereich Kinderbetreuung zukommen sollte, informiert wurden. Darüber hinaus fanden sie Gelegenheit, sich mit dem Thema »Qualitätsstandards« ausführlich zu beschäftigen, um als Führungskräfte eine eindeutige Position vertreten zu können, und zwar für die Einführung der pädagogischen Qualitätsstandards.

Die verschiedenen Informationselemente

Alle zum Informationssystem gehörenden Elemente werden im folgenden beschrieben und mit ausführlichem Arbeitsmaterial dokumentiert.

»Qualle« – das Qualitäts-Info-Blatt für alle

Für das Qualitäts-Info-Blatt suchten wir einen Namen, mit dem es schnell identifizierbar sein sollte. Es wurde »Qualle« genannt, eine Abkürzung des Slogans »Qualität für alle«, und erschien von März bis Dezember 1997, abgesehen von den Ferienmonaten, etwa zweiwöchentlich.

Die Herausgabe der »Qualle« war das erste umfangreiche Vorhaben der Steuerungsgruppe. Die Themen der ersten Ausgaben stammten zum Teil aus den bis zu den Erscheinungszeitpunkten durchgeführten Info-Veranstaltungen für Leitungen und aus einem »Brainstorming«, bei dem die Mitglieder der Steuerungsgruppe alle ihnen einfallenden Fragen zum Thema »Qualitätsstandards in der Pädagogik« auflisteten und in eine sinnvolle Abfolge brachten. Weitere Themen, die in der »Qualle« behandelt wurden, ergaben sich im Verlauf der Werkstatt, über den regelmäßig berichtet wurde.
Jede Ausgabe erschien auf einem DIN-A4-Blatt, das nach seiner Vervielfältigung in mehreren Exemplaren an alle Kindertagesstätten ging. Außerdem wurde die »Qualle« als Umlauf weitergegeben und an Infowände, für Eltern lesbar, gepinnt.
Der Jugendhilfe- und Bezirkselternausschuß, das Fachamt und der Stadtrat sowie weitere interessierte Bereiche des Jugendamtes erhielten die Infoblätter ebenfalls regelmäßig.

Ab 1998 erschien die »Qualle« nur noch bei Bedarf. Hintergrund dieser Entscheidung der Steuerungsgruppe war der inzwischen erreichte Werkstattstand. Da sich fast alle Reinickendorfer Kindertagesstätten seit Januar 1998 in der zweiten Werkstattphase befanden, also unmittelbar mit der Umsetzung des ersten pädagogischen Qualitätsstandards »Eingewöhnung« befaßt waren, bestand die Notwendigkeit nicht mehr, so häufig zu informieren wie zuvor. Aber völlig verzichten wollten wir auf die »Qualle« nicht. Sie sollte immer dann erscheinen, wenn sich eine Informationsnotwendigkeit ergab. Rückmeldungen bestätigten der Steuerungsgruppe, daß die Infoblätter bei den Leserinnen gut ankamen und nach einiger Zeit schon regelrecht erwartet wurden.

Im Anhang 1 sind die bis zum Dezember 1997 erschienenen Ausgaben der »Qualle« nachzulesen. Sie vermitteln, wie ein Informationsinstrument aussehen kann, mit dem viele Menschen erreicht werden sollen. Der Art und Weise ihres Aufbaus lagen Überlegungen zugrunde, wie welche Inhalte an so unterschiedliche Gruppen wie Fachleute, Behörden und Eltern herangetragen werden können.

Die Jour Fixe – Informationsveranstaltungen für Interessierte

Die Form der Jour Fixe bietet sich an, wenn einem bestimmten Adressatenkreis, hier den pädagogischen Mitarbeiterinnen der Kitas, Informationen vermittelt oder Gelegenheiten zum Austausch gegeben werden soll.
Der Begriff »Jour Fixe« stammt aus dem Französischen und bedeutet »fester Termin« oder »verabredete Stunde«. Damit ist gemeint, daß es sich um einen regelmäßig wiederkehrenden Termin handelt.
In unserer Werkstatt wurde der Jour Fixe zweimonatlich angeboten, und zwar an einem schon längere Zeit vorher angekündigten Tag. Damit er von möglichst vielen Interessierten besucht werden konnte, gab es an jedem Jour-Fixe-Termin eine Vor- und Nachmittagsveranstaltung gleichen Inhalts. Die Erzieherinnen konnten also während ihrer Dienstzeit, nach Absprache in ihrer Kita, von 9.00 bis 10.30 Uhr oder von 14.30 bis 16.00 Uhr am Jour Fixe teilnehmen.

Die Jour Fixe fanden in den Räumen der Kitaberatung statt. Ein größerer Seminarraum mit kleinem Nebenraum, der Flurbereich und ein weiterer kleiner Gesprächsraum wurden dafür genutzt.
Die Steuerungsgruppe gestaltete die Jour Fixe als offene, marktähnliche Veranstaltungen. Besucherinnen konnten in ihrem eigenen Tempo durch die Räume gehen, sich an den verschiedenen Stellwänden informieren, sich auch mal einen Kaffee holen und sich in eine der Gesprächsecken setzen, zuhören, sich einmischen oder ihre Fragen stellen. Während einer kurzen Begrüßung zu Beginn erläuterten Mitglieder der Steuerungsgruppe, was die Teilnehmerinnen bei dem jeweiligen Jour Fixe thematisch erwartet.

Der erste Jour Fixe

Der erste Jour Fixe stand unter dem Thema »Wie werden die Qualitätsstandards erarbeitet?« Auf großen Plakatwänden waren die inhaltlichen Stationen der einzelnen Arbeitstreffen aufgeführt. Mitglieder der Steuerungsgruppe standen bereit, um Interessierten den Ablauf genauer zu erklären.
Auch die fertiggestellte Skala für die Eingewöhnung von Kindern hing, groß kopiert, an Stellwänden. Viele Besucherinnen lasen sie dort zum ersten Mal. Die ersten Ausgaben der »Qualle« hingen aus, und manche Erzieherin stellte fest, daß sie dieses Blatt noch gar nicht kannte.
Eine übersichtlich gestaltete Wandzeitung zeigte bei jedem Jour Fixe den jeweiligen Werkstattstand an. So war zu erkennen, was schon geschehen war, was gerade geschieht und was für die nächste Zeit geplant ist.

Der zweite Jour Fixe

Im Mittelpunkt des zweiten Jour Fixe standen die fünf »Projektkitas«, die auf erste Erfahrungen bei der Umsetzung des Qualitätsstandards »Eingewöhnung« zurückblicken konnten. In mehreren von den Projekt-Kitaleiterinnen durchgeführten Dienstbesprechungen hatten sich alle pädagogischen Mitarbeiterinnen der Kitas mit dem Thema inhaltlich auseinandergesetzt, eine Selbsteinschätzung ihrer Arbeit vorgenommen und Ziele für die Eingewöhnung im kommenden Kitajahr mit der Leitung schriftlich vereinbart. Das Gespräch mit Kolleginnen aus diesen Kitas war für die Besucherinnen also besonders interessant.

Die Arbeitsgruppe »Qualitätssicherung«, auch »Meß-Arbeitsgruppe« genannt, präsentierte bei diesem Jour Fixe erstmalig ihre Arbeitsergebnisse. Ein Fragebogen für Erzieherinnen zur Selbsteinschätzung ihrer Arbeit bei der Eingewöhnung war von der Gruppe entwickelt worden und wurde interessierten Besucherinnen vorgestellt. Auch die weiteren Vorhaben der Arbeitsgruppe wurden den Teilnehmerinnen erläutert.

Der dritte Jour Fixe

Beim dritten Jour Fixe standen die beiden oben genannten Themen und Arbeitsgruppen wieder im Mittelpunkt des Geschehens, die Projektkitas und die Arbeitsgruppe »Qualitätssicherung«, die »Meß-Arbeitsgruppe« also. Verschiedene Weiterentwicklungen, der von der »Meßgruppe«

erarbeitete Elternfragebogen zur Eingewöhnung beispielsweise, und erste Ideen für eine Kinderbefragung wurden präsentiert. In der Gesprächsecke der Projektkitas fand ein angeregter Austausch statt.
Obwohl die Besucherinnen der Jour Fixe den Eindruck vermittelten, daß sie die Veranstaltungen interessant und anregend fanden, nahmen die Besucherzahlen ab. Die Steuerungsgruppe ermittelte verschiedene Gründe, die dazu beigetragen hatten:

Termine während der Eingewöhnungszeiten in den Kitas,
stärkerer Personaldruck wegen unbesetzter Stellen,
das zunehmend befriedigte Informationsbedürfnis.

Deshalb beschloß die Steuerungsgruppe, weitere Jour Fixe auszusetzen und dafür im Sommer 1998 einen bezirklichen Fachtag zum Thema »Qualitätsentwicklung in Reinickendorfer Kitas« zu organisieren.[12]

Informationsveranstaltungen für Erzieherinnen

Im Zusammenhang mit der Verwaltungsreform im Land Berlin sollte allen Mitarbeiterinnen die Gelegenheit gegeben werden, sich über die Elemente dieser weitreichenden Reform zu informieren.
Da der Kindertagesstättenbereich in Berlin-Reinickendorf mit etwa 1200 Stellen der personalstärkste Arbeitsbereich des Bezirks ist, wurden ab 1996 zunächst alle 60 Kitaleitungen, in Gruppen zu je 15 Personen zusammengefaßt, in zweitägigen Fortbildungen geschult. Alle Mitarbeiterinnen auf diese Weise fortzubilden, das hätte sämtliche personellen und finanziellen Möglichkeiten des Bezirks gesprengt. Trotzdem waren sich die Verantwortlichen einig, daß auch die Erzieherinnen über die Verwaltungsreform informiert werden sollten. Deshalb entstand im Frühjahr 1997 der Gedanke, die Erzieherinnen in eintägigen Fortbildungsveranstaltungen zu informieren und dabei die Werkstatt in den Mittelpunkt zu stellen.
Vormittags sollten in einer Plenumsveranstaltung etwa 60 Teilnehmerinnen einen kurzen Überblick über die wesentlichen Reformelemente bekommen, vor allem über die dezentrale Fach- und Ressourcenverantwortung sowie über Personal- und Qualitätsmanagement.

---

[12] Siehe S. 130

Nachmittags bestand die Gelegenheit, sich in kleinen Arbeitsgruppen zu je 15 Personen mit jenen Reforminhalten vertiefend zu befassen, die Erzieherinnen unmittelbar betreffen.

Da die Kita-Beratung an diesen Qualifizierungsmaßnahmen beteiligt war, konnte sie sich dafür einsetzen, daß den Erzieherinnen Informationen zur Werkstatt »Pädagogische Qualitätsstandards« als inhaltlicher Schwerpunkt angeboten wurden. Dieses Thema war geradezu prädestiniert dafür, sowohl Elemente des Qualitäts- als auch des Personalmanagements zu veranschaulichen.

Die Arbeitsgruppen wurden von Mitgliedern der Steuerungsgruppe und Mitarbeiterinnen der Projektkitas inhaltlich gestaltet. Einer Kurzpräsentation der Werkstatt, ihrer Ursprünge und Ziele, folgten praxisnahe Berichte der Mitarbeiterinnen aus den Projektkitas, die immer wieder von Fragen der Teilnehmerinnen und kurzen Diskussionsphasen unterbrochen wurden. So entstand ein lebhafter Austausch, und es konnten viele Erzieherinnen für die Idee gewonnen werden, pädagogische Qualitätsstandards in den Kitas einzuführen.
Besonders überzeugte die Teilnehmerinnen, daß sie sich bald wieder fachlich in ihren Teams auseinandersetzen würden. Sie merkten auch, daß die vereinbarten Ziele und Maßnahmen ihnen, den Erzieherinnen, eine professionellere Position gegenüber den Eltern und den Kitaleitungen verschaffen würden. Einige Stimmen aus diesen Runden belegen das:
»Wir können nun erklären und sachlich argumentieren, warum wir in einer bestimmten Weise arbeiten wollen.«
»Wir können deutlich machen, daß das Erreichen eines bestimmten Qualitätsstandards sowohl von unseren Arbeitsbedingungen abhängig ist als auch von unserem zielorientierten fachlichen Handeln.«

Insbesondere zu Beginn der Veranstaltungen äußerten einige Teilnehmerinnen jedoch auch Vorbehalte, auf die die Moderatorinnen der Arbeitsgruppen sensibel und verständnisvoll eingingen. Berichte einiger Projektkitaleiterinnen über kritische, bisweilen sogar von Abwehr geprägte Auseinandersetzungen in der eigenen Mitarbeiterschaft trugen dazu bei, die Gesprächsatmosphäre zu lockern.
Nach solchen Tagesveranstaltungen fielen die Rückmeldungen der Teilnehmerinnen relativ eindeutig aus. Die Vormittagsveranstaltung empfanden die meisten als sehr anstrengend, weil viele neue Informationen aufzunehmen waren. Dagegen schätzten die Teilnehmerinnen die nachmittäglichen Gespräche zu Themen der pädagogischen Qualitätsent-

wicklung in Kitas als interessant, informativ und vor allem praxisorientiert ein. Das lag sicher auch daran, daß diese Gespräche in kleineren Arbeitsgruppen stattfanden, wodurch sich eine unangestrengtere und angenehmere Arbeitsatmosphäre ergab.
Wir haben diese Veranstaltungsform beibehalten und sie den aktuellen Prozessen thematisch angepasst. In den letzten Arbeitsgruppen fand ein reger Austausch darüber statt, wie sich der Umsetzungsprozess in den einzelnen Kitas vollzieht und wie die Betroffenen ihn erleben.

Informationsveranstaltungen für Leiterinnen

Im Winter 1996/97 boten wir den Kitaleiterinnen eine erste eintägige Informations-Veranstaltung zur Werkstatt »Pädagogische Qualitätsstandards« an. Eine entsprechende Ausschreibung erhielten alle Reinickendorfer Leitungskreise, die regional aufgeteilt sind. Die Leitungskreise vereinbarten Termine mit der Kitaberaterin, die die Informationsveranstaltung für jeden Kreis gesondert durchführte.

Die erste Informationsveranstaltung hatte folgende Inhalte:

1. Auseinandersetzung mit dem Thema »Qualitätsstandards in der Pädagogik«
2. Informationen zur Werkstatt, zu Stand, Planungen, Zielen
3. Verteilen der Eingewöhnungsskala, kurze Einführung in das Thema »Eingewöhnung« mit dem INFANS-Videofilm »Die ersten Tage in der Krippe«

Der konkrete Ablauf entspricht einer verkürzten Version der im Handlungsleitfaden (S. 91) beschriebenen ersten Dienstbesprechung, die die Leiterinnen mit den Kolleginnen in ihren Kitas später selbst durchführten. Die Inhalte für diese Veranstaltung ergaben sich aus der Tatsache, daß sich zu diesem Zeitpunkt erst wenige Kitaleiterinnen mit der Qualitätsdebatte beschäftigt hatten. Zwar hatten einige von ihnen in den Arbeitsgruppen an der Formulierung der Qualitätsstandards mitgearbeitet, doch die meisten kannten die Werkstatt, ihre Entstehung, ihre Ziele und Inhalte nur vom Hören-Sagen.
Entsprechend groß war der Informations- und Klärungsbedarf, wobei interessant war, daß die Vorbehalte, die Leiterinnen äußerten, sich eher auf vermutete Widerstände bei den Erzieherinnen bezogen. Die Leiterinnen selbst reagierten überwiegend aufgeschlossen, erkannten die Chan-

cen, die in pädagogischen Qualitätsstandards liegen, und zeigten sich an den weiteren Entwicklungen interessiert.

Besonders wichtig war der Informationsteil zum pädagogischen Qualitätsstandard »Eingewöhnung«. Die Leiterinnen bekamen Kopien der Eingewöhnungsskala, deren Inhalte mit Hilfe des INFANS-Videofilms erläutert wurden. Dabei zeigte sich, daß viele Leiterinnen über dieses als pädagogische Grundlage seit Jahren bekannte Verfahren kaum oder gar nicht Bescheid wußten, denn die dazu angebotenen Fortbildungen hatten in erster Linie Erzieherinnen wahrgenommen.

Wenn Leiterinnen selbst nicht informiert sind, wie können sie dann ihre fachliche Verantwortung wahrnehmen? Wie erkennen sie Qualifizierungsbedarf bei Erzieherinnen? Wie können sie dafür sorgen, daß die Rahmenbedingungen für die angestrebte Pädagogik eingehalten werden? Wie können sie für die Verbindlichkeit des pädagogischen Angebots ihrer Kita sorgen? Wie können sie Eltern davon überzeugen, ihre Kinder bei der Eingewöhnung zu begleiten?
Diese Fragen zeigen, wie wichtig es ist, allen Kitaleiterinnen, bevor sie an die inhaltliche Umsetzung eines pädagogischen Qualitätsstandards gehen, zunächst eine eigenständige inhaltliche Auseinandersetzung mit dem jeweiligen Thema zu ermöglichen.

Die zweite Informationsveranstaltung für Kitaleiterinnen, die sechs Monate später stattfand, hatten folgende Inhalte:

1. Information über den aktuellen Stand der Werkstatt »Pädagogische Qualitätsstandards in Kitas«
2. Berichte der Projektkitas über ihre ersten Erfahrungen bei der Umsetzung der Qualitätsstandards, anschließende Diskussion
3. Information zur bevorstehenden zweiten Werkstattphase, zu der sich alle Kitas anmelden konnten, die mit der Umsetzung der pädagogischen Qualitätsstandards beginnen wollten.

Mit einer kurzen Werkstattpräsentation begann diese halbtägige Leitungsveranstaltung. Alle zur Werkstatt gehörenden Teile waren auf einer Wandzeitung anschaulich dargestellt (siehe Anhang, S.172, »Qualle« Nr. 11) und wurden, obwohl den meisten schon bekannt, noch einmal im Zusammenhang erläutert. Da die erste Veranstaltung schon einige Monate zurücklag, war es wichtig, Informationen, die sich in der Wahrnehmung einzelner Leiterinnen womöglich verselbständigt hatten, wieder zusammenzuführen und einen gemeinsamen Informationsstand herzustellen.

Nach dieser Einführung, durch Fragen der Teilnehmerinnen ergänzt, berichteten jeweils zwei Leiterinnen der Projektkitas von ihren Erfahrungen bei der Umsetzung des pädagogischen Qualitätsstandards »Eingewöhnung«.
Sie beschrieben, wie sie alle Erzieherinnen ihrer Kitas in die Auseinandersetzung mit dem Eingewöhnungs-Standard einbezogen hatten. Entsprechend unterschiedlich waren die Zielvereinbarungen ausgefallen. Orientierten sie sich bei den Krippen- und Kindergartenkindern weitgehend an der erarbeiteten Eingewöhnungsskala, so wurden für den Vorschul- und Hortbereich, also für die fünf- bis achtjährigen Kinder, eigene Umsetzungsmaßnahmen überlegt und schriftlich festgehalten. Eine ausführliche Dokumentation der Erfahrungen der Projektkitas ist im folgenden Kapitel ab S. 86 und ab S. 122 nachzulesen.
Die Projektkita-Leiterinnen berichteten so anschaulich, nachvollziehbar und überzeugend, daß sich viele Leiterinnen angeregt fühlten, ähnliche Prozesse auch in ihren Teams in Angriff zu nehmen. Dies bot eine gute Voraussetzung für die zu diesem Zeitpunkt bevorstehende zweite Werkstattphase, in der es um die breitere Umsetzung des Qualitätsstandards »Eingewöhnung« gehen sollte. Nachdem die Erprobung in den fünf Projektkitas abgeschlossen war, hatten sich nun neue Interessentinnen gefunden, gut informiert, motiviert und eingestimmt. Damit hatte die zweite Informationsveranstaltung ihren Zweck erfüllt. Bis auf wenige Ausnahmen meldeten sich die Reinickendorfer Kita-Leiterinnen für die zweite Werkstattphase an.

■ Die Umsetzung der Qualitätsstandards

Pädagogische Qualitätsstandards zu erarbeiten, das ist die »Pflicht«. Sie im Arbeitsalltag umzusetzen, das ist die »Kür«. Was ist damit gemeint? Besteht der Anspruch, die Qualitätsdebatte so zu führen, daß möglichst viele sich angesprochen fühlen und sich an der Umsetzung beteiligen, kann es keine isolierte Qualitätsdiskussion geben. Sie muß mit dem Prozeß der Personalqualifizierung verbunden werden, der beginnt, indem möglichst viele Betroffene sich an der Erarbeitung der Qualitätskriterien beteiligen. Regelmäßige Information setzt ihn fort, und er findet seinen Höhepunkt bei der Umsetzung der Qualitätsstandards in die pädagogische Arbeit jeder Erzieherin. Erst mit einer gelungenen Umsetzung ist der Qualitätsentwicklungsprozess erfolgreich. Deshalb beschäftigten uns in der Steuerungsgruppe die folgenden Fragen:

> Wie können wir in kleinerem Umfang ausprobieren, was später verbreitet werden soll?
> Wie können die Beteiligten voneinander lernen?
> Wie können wir die Kitaleiterinnen systematisch für die Umsetzung der Qualitätsstandards in ihren Kitas qualifizieren?
> Wie können wir die Eltern in die Evaluierung der pädagogischen Arbeit einbeziehen?

Neben den im vorangegangenen Kapitel beschriebenen Maßnahmen zur Information des gesamten Bereichs führten uns diese Fragen zu einem zweiten und dritten Schritt in der Umsetzung. Der zweite Schritt umfaßt alle Aktivitäten, die unmittelbar mit der Umsetzung der pädagogischen Qualitätsstandards in die Arbeit der Erzieherinnen zu tun haben. Alles, was mit der Evaluierung der pädagogischen Arbeit zu tun hat, vollzieht sich im dritten Schritt.

Zum zweiten Schritt der Umsetzung von Qualitätsstandards gehören:
1. Die Arbeit der Projektkitas und ihre ersten Erfahrungen
2. Der daraus entstandene Handlungsleitfaden für Kitaleitungen
3. Die systematische Qualifizierung aller Kitaleiterinnen für die Umsetzung in ihren Kitas

Start mit Projektkitas

Innerhalb eines zeitlichen Rahmens von neun Monaten fand in fünf Projektkitas eine Pilotphase zur Umsetzung des zuerst entwickelten pädagogischen Qualitätsstandards »Eingewöhnung« statt. Ursprünglich war vorgesehen, den Standard »Eingewöhnung« nur in einer Kita exemplarisch auszuprobieren. Gemeinsam mit der Kitaleiterin sollte die Beraterin jede dazu notwendige Dienstbesprechung vorbereiten und der Leiterin bei der Umsetzung assistieren. Damit die Kita für alle transparent und nachvollziehbar ausgewählt werden kann, definierten wir einige Kriterien:

Die Reinickendorfer »Durchschnitts-Kita«...
... hat zwischen 100 und 130 Plätzen,
... hat einen sozial gemischten Einzugsbereich,
... betreut alle Altersstufen von Krippe über Kindergarten bis Hort,
... verfügt über eine kontinuierliche Leitung,
... ist oder hat keine Filiale,
... hat keine besonderen personellen Ausstattungen,
... beschäftigt Mitarbeiterinnen, die an Qualitätsstandards interessiert sind.

Fünf von 60 Kindertagesstätten erfüllten diese Kriterien, und wir fragten, ob sie sich vorstellen könnten, Projektkita zu werden. Die Leiterinnen luden wir zu einer Besprechung ein, in der abgestimmt werden sollte, welche Kita Projektkita wird.
Alle fünf Kitas waren interessiert. Also beschlossen wir, auch mit allen fünfen zusammenzuarbeiten. Die Idee der direkten Begleitung allerdings wurde als zu aufwendig verworfen, und ein neues, letztlich viel besseres Konzept entstand.

Dieses Konzept sah vor, daß die Kitaleiterinnen eine Arbeitsgruppe bilden – die »Arbeitsgruppe Projektkitas«. Alle drei Wochen traf sich diese

Arbeitsgruppe mit mir, der Beraterin, um zunächst die einzelnen Schritte zur Umsetzung des Qualitätsstandards »Eingewöhnung« zu planen.

Die »Arbeitsgruppe Projektkitas«

Mitglieder der Arbeitsgruppe waren drei Kitaleiterinnen und zwei stellvertretende Leiterinnen. Letztere hatten sich dafür interessiert, diesen inhaltlich-fachlichen Part in ihren Einrichtungen zu übernehmen. In Absprachen mit ihren Leitern wurde geklärt, daß die Kolleginnen nicht nur das Vertrauen besitzen, in der Arbeitsgruppe mitzutun, sondern von ihren Leitungen bei diesem Vorhaben unterstützt werden.
Stellvertretende Kitaleiterinnen in den Umsetzungsprozess einzubeziehen, das ist eine Möglichkeit, ihre Position aufzuwerten und ihnen nicht nur, wie bisher üblich, den Status einer Abwesenheitsvertretung einzuräumen. Neue Strukturen werden künftig nicht nur die Rolle der Leiterin, sondern auch die der stellvertretenden Leiterin verändern müssen. Insofern bietet die mit der Werkstatt einhergehende Qualifizierung für Leiterinnen auch die Chance, in der Zusammenarbeit von Kitaleiterin und stellvertretender Leiterin neue Schwerpunkte zu setzen.

In ihren jeweils zweistündigen Zusammenkünften plante die »Arbeitsgruppe Projektkitas« die Dienstbesprechungen gemeinsam, die jedes einzelne Mitglied daraufhin in der Kita durchführte. In einem methodisch gut vorbereiteten und vom Mitglied der Arbeitsgruppe moderierten Dienstbesprechungs-Zyklus von sechs Sitzungen setzten sich die pädagogischen Mitarbeiterinnen der Kita mit dem Thema »Qualitätsstandards in der Kita« auseinander. In Kürze seien die Sitzungen hier beschrieben:
In der ersten Sitzung wurden Vorbehalte, Ängste, aber auch Hoffnungen besprochen, die mit der Einführung von Qualitätsstandards zusammenhängen. Ziel war dabei, die Mitarbeiterinnen einerseits noch einmal grundsätzlich zu informieren und andererseits zu vermitteln, daß alles gesagt werden kann und darf, daß die Äußerungen jeder Erzieherin ernst genommen, jedoch nicht aus Leitungssicht bewertet werden, daß Vorbehalte, die nicht ausgeräumt werden können, festgehalten und im weiteren Prozess geklärt werden.
In der zweiten Sitzung begann die inhaltliche Auseinandersetzung mit dem Qualitätsstandard »Eingewöhnung«, und zwar so, daß jede Erzieherin ihren eigenen Zugang zu Thema finden konnte und angeregt wurde, die Perspektive der Kinder wahrzunehmen. Die Vermittlung von

Fachwissen trug anschließend dazu bei, persönliche Sichten zu objektivieren und zu ergänzen.
Dieser Thematik widmete sich auch die dritte Sitzung.
In der vierten Sitzung ging es um die Auseinandersetzung mit der Qualitätsskala zur Eingewöhnung und die Einschätzung der eigenen Arbeit. In kleinen Gruppen setzten sich die Erzieherinnen selbständig mit der Thematik auseinander. Ihre Arbeitsergebnisse wurden von der Leiterin nicht bewertet. Die Leiterin – das Mitglied der Arbeitsgruppe also – versteht sich nicht als Verteilerin von Zensuren, sondern als Entwicklerin ihres Teams. Sie ermöglicht ihren Mitarbeiterinnen, die eigene Arbeit, die Arbeitsabläufe selbständig zu prüfen und zu bewerten.
In der fünften und sechsten Sitzung stand auf der Tagesordnung, was die Mitarbeiterinnen in einem Zeitraum von einem Gruppenjahr, bezogen auf den Qualitätsstandard »Eingewöhnung«, erreichen wollen. Die Skala bot Orientierungshilfe. Über die einzelnen Schritte ihrer Umsetzung verhandelten die Teilnehmerinnen miteinander. Im Mittelpunkt stand die Frage: Welche Informationen, welche Unterstützung, welche Materialien oder Planungen brauchen wir, um unser Ziel auch wirklich realisieren zu können? Die Antworten auf diese Frage ergaben einen Maßnahmenkatalog, der auch die Aufgaben der Leiterin berücksichtigte. Anschließend verhandelten alle Beteiligten über den Maßnahmenkatalog. Ein Hinweis: Sollte eine Leiterin bei solchen Verhandlungen in einen Rollenkonflikt geraten, braucht sie Unterstützung von außen, beispielsweise durch eine Mitarbeiterin der Kita-Beratung.
Was sich hier möglicherweise kompliziert und schwierig liest, stellte sich in der Praxis als durchaus machbar heraus. Läßt sich eine Leiterin wirklich darauf ein, ihren Mitarbeiterinnen die Entwicklung eigener Ziele zu überlassen, wird sie hin und wieder den Impuls verspüren, die Kolleginnen bremsen zu wollen, weil sie Vorstellungen, die die Mitarbeiterinnen äußern, Ziele, die sie anstreben wollen, möglicherweise für nicht realisierbar hält. Zum Umgang mit unterschiedlichen Zielvorstellungen innerhalb der Kita an anderer Stelle mehr.[13]

Ist alles miteinander abgestimmt, werden die Ergebnisse schriftlich festgehalten, von allen Beteiligten unterschrieben und für alle kopiert. Die pädagogische Zielvereinbarung ist fertig.

[13] Siehe S. 107/108 und 126

Während des eben beschriebenen Sitzungszyklus fand ein regelmäßiger Austausch über die ersten Umsetzungserfahrungen in der »Arbeitsgruppe Projektkitas« statt. Dieser Austausch ermöglichte den Leiterinnen, voneinander zu lernen, Planungen zu modifizieren, sich selbst zu entlasten und sich von der Gruppe wieder aufbauen zu lassen, wenn es bei der Umsetzung Probleme gab.

Nach der Planung des Sitzungszyklus für den Qualitätsstandard »Eingewöhnung« befaßte sich die »Arbeitsgruppe Projektkitas« mit der Umsetzung weiterer pädagogischer Standards. Auch zu den Themen »Essenssituationen«, »Schlaf- und Ruhesituationen« sowie »Sauberkeitserziehung« entstanden Handlungsleitfäden, in denen diesen Themen gewidmete Dienstbesprechungen detailliert beschrieben sind.

Der Handlungsleitfaden »Eingewöhnung« für Kitaleiterinnen

Das folgende Kapitel beschreibt den Sitzungszyklus zur Umsetzung des pädagogischen Qualitätsstandards »Eingewöhnung« in Form eines Handlungsleitfadens für Kitaleiterinnen. Der Handlungsleitfaden soll es ermöglichen, die Umsetzung des Qualitätsstandards »Eingewöhnung« nachzuvollziehen, und interessierte Leserinnen anregen, einen ähnlichen Qualitätsentwicklungs- und -sicherungsprozess in der eigenen Kindertageseinrichtung in Gang zu setzen.

Arbeitsblatt

Handlungsleitfaden für Leitungen zum Transfer der pädagogischen Qualitätsstandards in die Kita

Dieser Leitfaden ist als Anregung gedacht, wie Du als Leiterin einer Kindertagesstätte die eigene Mitarbeiterschaft über die Inhalte der einzelnen Reinickendorfer pädagogischen Qualitätsstandards sachgerecht informieren kannst und wie Du im eigenen Team einen Qualitätsentwicklungs- und -sicherungsprozess initiieren kannst. Der Leitfaden sieht eine Abfolge von moderierten Mitarbeiterinnenbesprechungen vor, die dieser Thematik gewidmet sind. Jede einzelne Sitzung ist kleinschrittig methodisch erklärt. Es ist angegeben, welches Material benötigt wird, und es gibt immer wieder Hinweise zu Deiner Rolle als Leiterin in diesen Sitzungen.
Wir empfehlen, die ersten sechs Sitzungen zum Qualitätsstandard »Eingewöhnung« möglichst wie vorgegeben durchzuführen. Anschließend können die Qualitätsstandard-Themen in der Reihenfolge bearbeitet werden, die dem Interesse der Kolleginnen oder kitaspezifischen Notwendigkeiten am besten entgegenkommt.

Der Leitfaden ist orientiert an einem »Leitbild« – nämlich die größtmögliche Einbeziehung und Beteiligung der Kolleginnen während des gesamten Prozesses zu gewährleisten. Pädagogisches Handeln, das sich an den Reinickendorfer Qualitätsstandards orientiert, soll keine »Planerfüllung« werden. Vielmehr ist daran gedacht, die fachlichen Stärken der Erzieherinnen zum Ausgangspunkt für die Sicherung und Weiterentwicklung von pädagogischen Qualitäten zu machen. Dazu gehört die offene Auseinandersetzung mit der bisherigen Arbeit ebenso, wie die fachliche Diskussion über die Qualitätsstandard-Themen, die Beschreibung von Qualitätszielen und die Erarbeitung von konkreten Umsetzungsmaßnahmen. Diese münden dann in Zielvereinbarungen, die die Kitaleitung mit den Erzieherinnen einerseits und mit dem Fachamt andererseits abschließt. Das bedeutet, zur Erarbeitung eines Standards gehört immer auch, zu konkreten Zielvereinbarungen zu kommen. Muster solcher Zielvereinbarungen findest Du im Leitfaden.

Viel Spaß und anregende Dienstbesprechungen wünschen Dir

Ulrike Ziesche und die »Arbeitsgruppe Projektkitas« Januar 1998

◗ Die erste Sitzung

Zeitlicher Rahmen	1,5 bis 2 Stunden
Material	Tesakreppband, Karten (zwei verschiedene Farben), Flipchartbögen, einige Karteikarten, dicke Filzschreiber
Raumgestaltung	Stuhlkreis mit oder ohne Tische, eine freie Wand (mindestens 2 Meter breit) für die Befestigung der Flips

Inhaltliche Vorbereitung:

Es empfiehlt sich, das eigene Vorgehen stichpunktartig groß auf Karteikarten zu schreiben, als roten Faden.

In der ersten Sitzung geht es darum, den Kolleginnen eine Auseinandersetzung mit dem Thema »Qualitätsstandards in der Pädagogik« zu ermöglichen. Dieses Thema wird für viele neu sein, entsprechend groß sind Vorbehalte, Ängste und Verunsicherungen. Wer schon informiert ist, erhofft sich vielleicht, daß endlich etwas geschieht. Es kann also passieren, daß sehr unterschiedliche Sichtweisen aufeinanderprallen. Dadurch entsteht womöglich ein Gruppenklima, das Bewertungen wie »richtig« oder »falsch« nahelegt. Entsprechende Aussagen erhalten dann oftmals »Kampfcharakter« und verderben die Kooperation.

Deshalb: Ängste und Vorbehalte sind nicht nur normal, sondern eine gesunde Reaktion auf Veränderungen, die die Betroffenen unter Umständen als aufgezwungen oder undurchschaubar erleben. Deshalb sind solche Reaktionen unbedingt ernst zu nehmen.

Empfehlung für das Leitungshandeln:

Aussagen der Erzieherinnen nicht werten;

Aussagen, die aggressiv erscheinen, nicht persönlich nehmen;

Aussagen ernst nehmen, nachfragen, Verständnis zeigen für das, was nachvollziehbar ist;

Aussagen zusammenfassen, bündeln, das Gespräch anregen und moderieren.

Kurze Einführung ins Thema (5 Minuten):

»Die heutige Sitzung dient ausschließlich dafür, sich mit dem Thema ›Qualitätsstandards in der pädagogischen Arbeit‹ auseinanderzusetzen. So ein Thema ist im Kitabereich neu und wirft sicherlich Fragen auf, vielleicht auch Befürchtungen oder Unsicherheiten.«

Gruppenarbeit (15 Minuten):

»Deshalb möchte ich euch als erstes bitten, euch in kleinen Gruppen zu dritt oder viert zusammenzusetzen und euch zu überlegen, welche Chancen und Vorteile Qualitätsstandards für eure Arbeit hätten, aber auch, welche Nachteile und Befürchtungen eurer Meinung nach damit verbunden sein könnten.
Ich verteile jetzt Karten mit zwei verschiedenen Farben, die eine Farbe für die Befürchtungen, die andere Farbe für die Chancen.
Schreibt bitte nur jeweils einen Gedanken groß und deutlich auf eine Karte. Ihr habt 10 Minuten Zeit dafür.«
Nach 10 Minuten die Karten einsammeln und nachfragen, ob es den Kolleginnen eher leicht oder schwer gefallen ist, Aspekte zu finden.
Die Karten werden vorgelesen, sortiert und aufgehängt (15 Min.).

Plenumsgespräch (45 Minuten):

Es schließt sich ein Gespräch über die folgenden Aspekte an:
»Hier sind mehrere Karten mit dem Begriff ›Kontrolle‹ beschriftet. Welche Befürchtungen fallen euch dazu ein?
Da gibt es die Äußerung: ›Keine selbstbestimmte Pädagogik mehr!‹ Was könnte damit gemeint sein?«
Die Schreiberinnen sollten nicht direkt angesprochen werden. Es ist besser, die Fragen an die ganze Gruppe zu richten. Nachfragen, ob es andere Meinungen gibt, ob die geäußerten Positionen von anderen geteilt oder verstanden werden.

Blitzkarten kennzeichnen (5 Minuten):
Wenn Befürchtungen im Gespräch mit der Gruppe nicht entkräftet werden können, werden die Karten mit einem Blitz versehen. Der Blitz kennzeichnet ein Problem, dem auch weiterhin Aufmerksamkeit gewidmet werden soll.

Sind alle Aspekte besprochen, wird die Sitzung beendet. Den Abschluß bildet eine kurze Runde zu der Frage: »Wie habe ich die Arbeitsweise in der heutigen Dienstbesprechung erlebt?« Diese Runde kann der Leiterin ein »feed-back« zu ihrer Arbeit vermitteln.

Die zweite Sitzung

Zeitlicher Rahmen	2,5 Stunden
Material	Flipchartbögen, Stifte, Tesakreppband, Flips vorbereiten (siehe Sitzungsbeginn, Brainstorming, Plenumsgespräch)
Raumgestaltung	Stuhlkreis mit oder ohne Tische, eine freie Wand (mindestens 2 Meter breit)

Inhaltliche Vorbereitung:

Es empfiehlt sich, wie bei der ersten Sitzung, das eigene Vorgehen stichpunktartig groß auf Karteikarten zu notieren, als roten Faden.
In der zweiten Sitzung geht es um eine inhaltliche Annäherung an das Thema »Eingewöhnung«. Das Thema ist den meisten Kolleginnen nicht mehr neu, trotzdem gibt es möglicherweise unterschiedliche Sichten, Erfahrungen oder Gedanken.
Um einen neuen oder anderen Zugang zum Thema zu ermöglichen, steht in dieser Sitzung im Vordergrund, wie die Kolleginnen mit neuen, unbekannten Situationen umgehen. Die Gruppe befaßt sich zunächst damit, wie es Erwachsenen in solchen Situationen ergeht. Danach werden die Kolleginnen angeregt, sich in die Situation von Kinder einzudenken und einzufühlen. Über eigenes Erleben spricht es sich leichter in kleineren Gruppen. Deshalb werden sich Kleingruppenarbeit und Plenumsgespräch abwechseln.
Der Abschluß der Sitzung wird einem kurzen theoretischen Exkurs in die Bindungstheorie gewidmet. Dazu Näheres auf dem Arbeitsblatt auf S. 96.

Empfehlung für das Leitungshandeln:

Das geplante Vorgehen zu Beginn kurz erläutern;
sich mit eigenem Erlebnissen am Gespräch beteiligen;
die Erfahrungen der Kolleginnen als Expertinnen ihrer Gefühle bewußt nutzen;

die einzelnen Arbeitsschritte jeweils ansagen;
das Gespräch moderieren;
sich auf den Exkurs zur Bindungstheorie vorbereiten, das Arbeitsblatt durch eigenes Wissen ergänzen.

Einführung (10 Minuten):

Die erste Frage, die besprochen werden soll, wird gut lesbar auf einen Flip geschrieben:
Wie geht es mir in Situationen, die mir neu oder fremd sind, in denen ich niemanden kenne? Zum Beispiel auf einem neuen Arbeitsplatz, beim Einstellungsgespräch, auf einer Party... Wie verhalte ich mich? Was zeige ich? Was spielt sich in mir ab?
Nach einer kurzen Einführung ins Thema werden die Eingangsfragen, die auf dem Flip stehen, vorgelesen und erläutert.

Gruppenarbeit (20 Minuten):

»Ich bitte euch, wieder kleine Gruppen zu bilden und über die Fragen miteinander ins Gespräch zu kommen. Überlegt, wie ihr euch in solchen Situationen verhaltet, aber auch, ob sich etwas in euch abspielt, wovon die anderen wenig oder nichts mitbekommen.
Eure Ergebnisse notiert auf ein Flip. Ihr habt jetzt 20 Minuten Zeit. Wir treffen uns anschließend wieder im Plenum.«

Plenum (30 Minuten):

Die von den Gruppen notierten Ergebnisse vorlesen lassen und Verbindungen herstellen zwischen den Arbeitsergebnissen.
Brainstorming zu den Fragen: Wie geht es Kindern in neuen, unbekannten Situationen? Welche Reaktionen zeigen sie? Beim Brainstorming werden Ideen und Gedanken der Gruppen auf Zuruf auf einem an der Wand hängenden Flip notiert.
Tip: Zur eigenen Entlastung kann das Schreiben eine der Erzieherinnen übernehmen.
Pause (15 Minuten)

Plenumsgespräch (20 Minuten):

Unterschiede und Ähnlichkeiten im Umgang von Kindern und Erwachsenen mit neuen Situationen werden herausgearbeitet. Zum Beispiel: Ältere Kinder und Erwachsene haben eine Zeitvorstellung, jüngere Kinder nicht. Oder: Für alle ist eine völlig neue Situation mit Anstrengungen verbunden.

Plenumsgespräch zum Thema Eingewöhnung (20 Minuten):

Es wird besprochen, in welcher Situation sich Kinder in der Eingewöhnung befinden. Anregen kann folgende Frage, die auf ein Flip geschrieben wird: Was brauchen Kinder eurer Meinung nach in der Eingewöhnung, damit es ihnen möglichst gut geht?
In der folgenden Diskussion, die moderiert werden muß, sollten Äußerungen nicht bewertet werden. Es kommt auch nicht darauf an, konkrete Vorhaben zu benennen. Die unterschiedlichen Ideen werden zunächst nur deutlich gemacht und als Arbeitsergebnisse auf einem Flip festgehalten.

Exkurs Bindungstheorie (30 Minuten):

Die letzten 20 bis 30 Minuten sollten diesem kurzen theoretischen Exkurs vorbehalten sein. Das folgende Arbeitsblatt gibt dazu Hinweise. Nach einem zehnminütigen Vortrag bekommen die Kolleginnen Gelegenheit, sich zu den Informationen zu äußern und Fragen zu stellen, die eventuell auch erst in der nächsten Sitzung beantwortet werden können.
Danach sollte die Sitzung beendet werden:
»Das war eine intensive Arbeitssitzung, auf die ihr euch nach dem Arbeitstag eingelassen habt. Ich schlage deshalb vor, die Sitzung gleich zu beenden. Vorher möchte ich jedoch fragen, ob es noch etwas zu sagen gibt, bevor wir auseinandergehen?«
Einen Moment abwarten. Wenn nichts kommt, dann ist Schluss.

Arbeitsblatt

◗ Theorie-Exkurs »Eingewöhnung«

Bindung und Bindungsaufbau

Jedes Kind entwickelt in den ersten Monaten seines Lebens eine besondere Art von Beziehung zu den Erwachsenen seiner engsten Umgebung. In der Regel sind das die Eltern. Es können darüber hinaus auch andere Personen sein, die das Kind dauerhaft und zuverlässig betreuen.
Diese Beziehungen heißen »Bindungen« oder »Bindungsbeziehungen«. (Vgl. Handbuch der Elementarerziehung, 2.18, Ergänzungslieferung 1992) Der Bindungsaufbau entsteht dadurch, daß die Erwachsenen auf die Signale des Kindes (Weinen bei Hunger, Schmerzen, Unwohlsein oder Geräuschen, Mimik, Gestik...) reagieren. Das Kind fühlt sich verstanden und steuert den Beziehungsaufbau aktiv mit.

Kritische Phase

Der Prozeß des Bindungsaufbaus tritt in eine kritische Phase, wenn das Kind etwa sieben Monate alt ist. Es wendet sich in Situationen, in denen es sich ängstigt oder verunsichert fühlt, vorzugsweise an eine dieser »Bindungspersonen«. Es sucht aktiv ihre Nähe oder signalisiert sein Bedürfnis danach: Das Kind zeigt »Bindungsverhalten«.
(Vgl. Grossmann/Grossmann 1980)
Ist Bindungsverhalten einmal ausgelöst (zum Beispiel durch Weinen), kann es in der Regel nur durch eine Bindungsperson wieder beendet werden. Das Kind »benutzt« seine Bindungsperson als »sichere Basis« bei seiner Erkundung der Umwelt. Sie hilft ihm dabei, sich in der unübersichtlichen Welt zurechtzufinden und sich im »Gleichgewicht« zu halten. Es sucht ihre Nähe, wenn es verunsichert ist, beruhigt sich dort und wendet sich dann mit neuer Zuversicht seiner Umgebung wieder zu. (Vgl. Handbuch der Elementarerziehung, 2.18, Ergänzungslieferung 1992)

Arbeitsblatt

Bindungsmuster

Im Alter von etwa zwölf Monaten sind die sogenannten »Bindungsmuster« deutlich ausgeprägt, die mit darüber entscheiden, in welchem Ausmaß das Kind seine Bindungspersonen »benutzen« kann oder ob es versuchen muß, allein zurechtzukommen. (Vgl. Grossmann/Grossmann 1991)

Unterschiedliche Verhaltensmuster

Man kann bei der Beobachtung von Kindern insbesondere im Alter von sieben Monaten bis zirka zwei Jahren verschiedene Verhaltensmuster erkennen, wenn sie ohne eine ihnen vertraute Bindungsperson zurechtkommen müssen.

Kinder, die ihr Bindungsverhalten stark zum Ausdruck bringen

Die Mehrzahl der Kinder ist bedrückt, beginnt, auch aus scheinbar »nichtigen« Anlässen zu weinen, und drückt mit ihrem deutlichen Bindungsverhalten aus, daß sie ihre Bindungsperson vermisst. Ihr Bindungsverhalten läuft sozusagen »ins Leere«, wenn keine ihnen bekannte Person da ist, an die sie sich wenden kann. Diese Kinder lassen sich nur schwer und oft nur für kurze Zeit von der ihnen unbekannten Erzieherin beruhigen. Die Phasen untröstlichen Weinens oder des leidvollen Rückzugs können viele Tage oder gar Wochen andauern. Häufige Erkrankungen der Kinder sind ihre Möglichkeit, sich der sie überfordernden Situation zu entziehen. (Vgl. Handbuch der Elementarerziehung, 2.18, Ergänzungslieferung 1992)

Kinder, die ihr Bindungsverhalten weniger stark zum Ausdruck bringen

Etwa jedes dritte Kind scheint zunächst relativ unbeeindruckt von der fremden Umgebung. Diese Kinder wenden sich rasch der Erzieherin oder anderen Kindern zu, sind interessiert an Neuem, erscheinen unproblematisch.

Arbeitsblatt

Allerdings kommt es bei diesen Kindern im Laufe der ersten Wochen nicht selten zu einer Verringerung ihres Wohlbefindens. Sie werden stiller, ziehen sich eventuell zurück oder reagieren manchmal nach einigen »problemlosen« Wochen mit regelrechten Zusammenbrüchen. (Vgl. auch Laewen 1989)

Neue Situationen sind eine Belastung für alle Kinder

Es wird deutlich, daß neue Situationen, die ohne Bindungspersonen bewältigt werden müssen, für junge Kinder, aber auch noch für Kinder, die älter als zwei oder drei Jahre sind, eine außergewöhnliche Belastung bedeuten. Die Kinder reagieren zwar entsprechend ihrer Bindungsmuster und ihres Alters unterschiedlich auf diese Situationen; es entsteht aber für alle »Stress«, der sich nur unterschiedlich stark ausdrückt.

Eingewöhnung nur mit Eltern oder einer anderen Bindungsperson

Alle Kinder sollen deshalb die Eingewöhnungsbedingungen erhalten, die ihnen dabei helfen können, mit der neuen Situation in der Kita möglichst unbelastet umgehen zu können. Das heißt für junge Kinder in jedem Fall, daß die Anwesenheit von Mutter, Vater oder einer anderen Bindungsperson an den ersten Tagen in der Kita notwendig ist. Je nach Bindungsmuster des Kindes wird eine kürzere oder längere Eingewöhnungszeit in Begleitung einer Bindungsperson gebraucht.

Die Erzieherin wird Bindungsperson

Das Ziel der Eingewöhnung muß sein, daß das Kind in Begleitung seiner Mutter oder seines Vaters zu der Erzieherin eine Beziehung aufbauen kann. Sie soll dem Kind später helfen, sich ohne Eltern frei, interessiert und unbelastet mit all dem Spannenden auseinandersetzen zu können, das die »neue Welt« zu bieten hat. Dabei braucht das Kind eine Bindungsperson vor Ort, die es ermuntern, stützen und trösten kann.

Arbeitsblatt

Ältere Kinder

Die Funktion der Bindungspersonen relativiert sich im Zuge der Selbständigkeitsentwicklung der Kinder. Neben den Bindungspersonen gewinnen andere Kinder oder interessante Spielmöglichkeiten an Bedeutung.
Insofern wird für ältere Kinder individuell zu betrachten sein, wieviel Unterstützung sie durch ihre Eltern tatsächlich noch benötigen oder ob sie sich vielleicht lieber selbständig mit einer neuen Situation auseinandersetzen und ihre Beziehungen von Anfang an eigenständig gestalten wollen. Eventuell geben ihnen auch bekannte oder befreundete Kinder den Rückhalt, den sie brauchen.

Zur Eingewöhnung konkret

Zur Vorbereitung und Durchführung der Eingewöhnung geben die bezirkliche Eingewöhnungsbroschüre, die Eingewöhnungsskala und der Eingewöhnungsfilm von INFANS anregende Hinweise und Informationen.

Literatur zum Thema:

Andres, Beate und Laewen, Hans-Joachim (Hrsg.)
Ich verstehe besser, was ich tue...
Erfahrungen mit einem Eingewöhnungsmodell
Berlin 1992

Grossmann, Karin und Grossmann, Klaus
Die Entwicklung sozialer Beziehungen in den ersten beiden Lebensjahren
in Lukesch, H./Perrez, M./Schneewind, A. (Hrsg.)
Familiäre Sozialisation und Intervention, Bern 1980

Arbeitsblatt

Grossmann, Karin und Grossmann, Klaus
Ist Kindheit noch Schicksal?
Ein Gespräch über die längerfristigen Folgen, die eine unsichere Bindung in der Kindheit haben kann
In: Psychologie Heute, Heft 8/1991, S. 20-27

Laewen, Hans-Joachim
Zur außerfamilialen Tagesbetreuung von Kindern unter drei Jahren
Stand der Forschung und notwendige Konsequenzen
In: Zeitschrift für Pädagogik, Heft 6/1989, S.869-888

Laewen, Hans-Joachim/Andres, Beate/Hedervari, Eva
Ein Modell für die Gestaltung der Eingewöhnungssituation von Kindern in Krippen
INFANS (Hrsg.), Kleine Fachreihe zur Frühsozialisation
Band 1/Berlin 1990

Laewen, Hans-Joachim/Andres, Beate/ Hedervari, Eva
Ohne Eltern geht es nicht – Die Eingewöhnung von Kindern in Krippen und Tagespflegestellen
INFANS INFO Nr. 1/Berlin 1990

◗ Die dritte Sitzung

Zeitlicher Rahmen	2,5 Stunden
Material	die beschriebenen Flips aus der zweiten Sitzung zur Frage: Was brauchen Kinder...? Tesakreppband, INFANS-Video »Die ersten Tage in der Krippe«, Videorecorder, Fernsehgerät mit großem Bildschirm
Raumgestaltung	Stuhlkreis und anschließend genug Platz, damit alle den Film gut sehen können. Mindestens 2 Meter freie Wand für die Flips

Inhaltliche Vorbereitung:

Die dritte Sitzung knüpft inhaltlich an die zweite Sitzung an. Einige in der vorherigen Sitzung behandelte Fragen und die dazu erarbeiteten Inhalte werden rekapituliert. Vielleicht haben sich die Kolleginnen mit dem einen oder anderen Aspekt weiter beschäftigt und wollen ihn ergänzen. Eventuell werden Fragen zur Bindungstheorie gestellt.
Im Mittelpunkt steht jedoch das INFANS-Video zur Eingewöhnung. Dieser Film sollte der Kitaleiterin vorher möglichst bekannt sein. Er beschreibt an zwei unterschiedlichen Eingewöhnungssituationen, wie die Eingewöhnung ablaufen könnte.
Erfahrungsgemäß wird insbesondere der erste Film über die kurze Eingewöhnung von Erzieherinnen als zu ideal empfunden. Zum einen, weil das Kind unproblematisch erscheint, zum anderen, weil die Bedingungen (Mutter, Kind und die Eingewöhnungserzieherin) geradezu unrealistisch günstig erscheinen. An diese Punkte knüpfen sich viele Einwände, die berühmten »Ja, aber ...« Deshalb ist es wichtig, die geäußerten Vorbehalte aufzunehmen und sie möglicherweise sogar aufzulisten, andererseits aber auch immer wieder anzuregen, die Situation aus der Perspektive des Kindes, seiner Mutter und der Erzieherin möglichst unabhängig von der tatsächlichen Übertragbarkeit in das eigene Umfeld und Handeln wahrzunehmen.
Es empfiehlt sich, zunächst nur den ersten Film anzusehen und zu besprechen, denn er dauert mehr als eine Stunde. Der zweite Film, der eine längere Eingewöhnung zeigt, dauert 45 Minuten und kann bei Interesse zu einem anderen Zeitpunkt gezeigt werden.

Empfehlung für das Leitungshandeln:

Das geplante Vorgehen zu Beginn kurz erläutern;
Abwehrreaktionen, aber auch positive Rückmeldungen der Erzieherinnen zum Film aufnehmen und festhalten;
die Kolleginnen immer wieder darauf zurückführen, wie das Kind und seine Mutter die Situation erleben;
Bezug nehmen auf die von der Gruppe erarbeiteten Plakate der zweiten Sitzung;
nicht den Eindruck erwecken, daß nur eine wie die im Film gezeigte Eingewöhnung gut ist;
sich verdeutlichen, daß jede Erzieherin subjektiv das Gefühl hat, sie gewöhne Kinder nach bestem Wissen, mit hohem emotionalen Aufwand und deshalb gut ein.

Zu Beginn hängen die Flips der zweiten Sitzung für alle sichtbar an der Wand. Die Erzieherinnen sollten sich ein paar Minuten Zeit nehmen, sie wieder zu lesen und darüber nachzudenken. Nach einer kurzen Erläuterung des Sitzungsablaufs könnte wie folgt fortgefahren werden:
»Wir werden heute an das anknüpfen, was wir beim letzten Mal erarbeitet haben. Deshalb habe ich die Ergebnisse noch einmal aufgehängt. Wenn ihr euch die Flips anschaut, fallen euch vielleicht Punkte auf, über die ihr sprechen wollt. Eventuell ergeben sich noch Aspekte, die wir bisher nicht aufgenommen haben.«
Kommen Beiträge, werden sie gemeinsam besprochen und danach aufgeschrieben.

Das INFANS-Video zur Eingewöhnung (100 Minuten):

Einführung: »Dem Film, den wir jetzt sehen werden, liegt ein Konzept zur Eingewöhnung zugrunde, das auf der Grundlage der Bindungstheorie entwickelt wurde. Einige kennen das Video bereits, doch wird euch sicherlich nicht mehr alles in Erinnerung sein. Andere kennen den Film noch nicht. Um zu einer gemeinsamen fachlichen Ausgangslage zu kommen, bietet sich dieser Film geradezu an. Deshalb schauen wir ihn uns gemeinsam an und besprechen unsere Eindrücke. Über das Eingewöhnungskonzept werden wir anschließend oder in der nächsten Sitzung sprechen. Achtet bitte auf die Kommentare im Film; sie erklären vieles. Wenn ihr euch diesen Film jetzt anseht, betrachtet ihn sowohl aus dem Blickwinkel der Erzieherin als auch der Mutter und des Kindes. Schaut

genau, mit welchem Verhalten die Erzieherin eine Bindung zu dem Kind entwickelt, den Beziehungsaufbau ermöglicht.
Macht euch bitte Notizen über eure Meinung zu wichtigen Aspekten.«

Es ist zu empfehlen, das Video jeweils nach dem ersten, dritten, vierten und fünften Eingewöhnungstag kurz zu stoppen und darüber zu sprechen, was den Kolleginnen in den eben gesehenen Sequenzen aufgefallen ist.
Ins Gespräch darüber zu kommen, das ist häufig nach einem langen und anstrengenden Arbeitstag nicht leicht. Manche Aspekte wurden vielleicht auch schon während der Unterbrechungen angesprochen. Wenn der Eindruck entsteht, daß sich die Beteiligten nur mit großem Kraftaufwand zu einem Gespräch bewegen lassen, ist es besser, die Sitzung nach dem Film zu beenden. Wichtige inhaltliche Aspekte tauchen in der Eingewöhnungsskala wieder auf und lassen sich beim nächsten Mal besprechen.
Ist das Interesse am Austausch jedoch ungebrochen, werden kleine Gruppen gebildet, um die Aspekte zu sammeln und sie anschließend im Zusammenhang mit dem Eingewöhnungsmodell im Plenum zu besprechen.

Die vierte Sitzung

Zeitlicher Rahmen	2 bis 2,5 Stunden
Material	Kopie der Eingewöhnungsskala für jede Erzieherin, Stifte, Flipchartpapier, Tesakrepp, eventuell Flips mit Fragen und Beispielen (siehe Durchführung) vorbereiten
Raumgestaltung	Stuhlkreis, eine freie Wand für Flips, wenn möglich: Nebenräume für die Gruppenarbeit

Inhaltliche Vorbereitung:

Es empfiehlt sich, diese und die folgenden Sitzungen nicht mehr mit allen Mitarbeiterinnen durchzuführen, sondern in kleineren Gruppen mit denjenigen, die unmittelbar zusammenarbeiten. Selbsteinschätzung und Zielformulierungen lassen sich leichter erarbeiten, wenn die Kolleginnen in einem gemeinsamen Arbeitszusammenhang stehen.
An der Stelle, an der die dritte Sitzung beendet wurde, wird angeknüpft. Sollten der Film und das ihm zugrunde liegende Eingewöhnungskonzept hinreichend besprochen worden sein, beginnt die vierte Sitzung mit

der inhaltlichen Auseinandersetzung, bezogen auf die Eingewöhnungsskala.
Der Eingewöhnungsskala[14] liegt das von INFANS entwickelte Eingewöhnungsmodell zugrunde. Sie soll dafür genutzt werden, zu einer Selbsteinschätzung der bisherigen oder der momentanen Eingewöhnungspraxis zu kommen. Leitfrage ist dabei: »Tun wir das, was unter Standard X steht?«
Die Inhalte der Skala sollen die fachliche Auseinandersetzung anregen. Unter Umständen wird dabei deutlich, daß in der Skala relativ allgemein beschriebene Handlungen konkretisiert werden müssen, um zu einer nachvollziehbaren Einschätzung zu kommen.

Angst vor Bewertung und Abwertung

Über die eigene Arbeit offen miteinander zu reden kann schwierig sein. Die Angst vor Bewertung und Abwertung ist der Grund dafür. Deshalb sind die Signale, die die Leiterin in dieser Sitzung setzt, von wesentlicher Bedeutung für das Klima in den kleinen Gruppen.

Empfehlung für das Leitungshandeln:

Das geplante Vorgehen zu Beginn kurz erläutern;
erklären, daß es bei der Selbsteinschätzung nicht darum geht, gewünschtes Verhalten festzuhalten, sondern tatsächliches Verhalten;
Verständnis dafür äußern, daß man einen hohen Anspruch an sich stellt, dem der Alltag häufig zuwiderläuft;
darauf hinweisen, daß die Selbsteinschätzung nur intern genutzt wird, weder Eltern noch Fachamt darüber etwas erfahren;
informieren, daß die Selbsteinschätzung der kleinen Gruppen als Grundlage für die Beschreibung der Ziele gebraucht wird: »Wir stehen hier, wollen da hin und brauchen dazu ...«
darauf hinweisen, daß gegenseitige Abwertungen nicht gefragt und für die Zusammenarbeit schädlich sind.

Zu Beginn der Sitzung sollte die Leiterin diese Punkte ansprechen und Gelegenheit geben, sich dazu zu äußern, offene Fragen zu stellen und Antworten zu bekommen.

---

[14] Siehe S. 64 f.

Tip: Es ist hilfreich, einige der genannten Punkte auf ein Flip zu schreiben und so, für alle visuell mitvollziehbar, die einzelnen Aspekte zu besprechen.

Gruppenarbeit (70 Minuten):

»Wir haben uns in den vergangenen Sitzungen mit dem Thema Eingewöhnung beschäftigt. Heute habt ihr die Aufgabe, euch die Skala zur Eingewöhnung gemeinsam durchzulesen und miteinander zu überlegen: Tun wir das, was unter Standard X steht ...
... nicht?
... nicht mehr?
... manchmal?
... überwiegend?
... zuverlässig?«

Zur Selbsteinschätzung:

»Beginnt bitte, bei Standard 1 nachzulesen. Geht nach und nach alle Inhalte aus Standard 1 durch und beantwortet die Frage. Stellt ihr fest, daß die unter Standard 1 aufgeführten Kriterien für die Eingewöhnung für euch nicht oder nicht mehr zutreffen, haltet das bitte fest.
Wenn ihr mit dem Standard 1 fertig seid, geht über zum Standard 3 und beantwortet die Frage in gleicher Weise. Werden von euch Inhalte aus höheren Standards umgesetzt, führt ihr diese Arbeit so lange fort, bis ihr feststellt, daß ihr die meisten Fragen mit nicht oder manchmal beantwortet und kaum noch eine mit überwiegend oder zuverlässig.
Bedenkt, daß die meisten Selbsteinschätzungen der Arbeitsgruppenmitglieder, die die Skala entwickelt haben, um den Standardwert 3 herum lagen. Also versucht bitte, realistisch zu sein.«

Unterschiedliche Einschätzungen:

»Unterschiedliche Selbsteinschätzungen in eurer Gruppe notiert bitte, ohne die Namen der Kolleginnen zu nennen. Bei einer Gruppe aus fünf Personen könnte die Selbsteinschätzung beispielsweise folgendermaßen aussehen:«

Standard 1 – Merkmal »Vorbereitung der Eingewöhnung«:
viermal »zuverlässig«, einmal »überwiegend«

Standard 3 – Merkmal »Vorbereitung der Eingewöhnung«:
zweimal »manchmal«, dreimal »überwiegend«

Standard 5 – Merkmal »Vorbereitung der Eingewöhnung«:
viermal »nicht«, einmal »manchmal«

Tip: Es empfiehlt sich, dieses Beispiel zur Erläuterung auf ein Flip zu schreiben oder ein Flip vorzubereiten. Auch die Frage »Tun wir das, was unter Standard X steht...?« sollte auf einem Flip notiert sein.
»Überlegt euch miteinander, warum ihr es bislang so getan habt, und schreibt die Gründe auf die Flips. Ihr habt für diese Arbeit eine Stunde Zeit. Kurz bevor die Zeit um ist, komme ich zu euch, um zu sehen, ob ihr mehr Zeit braucht.«

Vorstellen der Arbeitsergebnisse (20 Minuten):

Im Plenum werden anschließend die Arbeitsergebnisse vorgestellt. Benötigen die Gruppen mehr Zeit, beginnt die fünfte Sitzung mit diesem Arbeitsschritt.
Wichtig: Die Flips der vierten Sitzung müssen unbedingt aufgehoben werden. Die Gründe, die die Kolleginnen für ihre bisherige Eingewöhnungspraxis anführten, enthalten eventuell wichtige Anhaltspunkte für Maßnahmen, die die Ziele abstützen können. Über diese Maßnahmen wird in der fünften Sitzung gesprochen.

Die fünfte Sitzung

Zeitlicher Rahmen	2,5 Stunden
Material	Flipchartpapier, Stifte, Tesakrepp, Flips der letzten Sitzung
Raumgestaltung	Stuhlkreis, eine freie Wand für die Flips, wenn möglich: Nebenräume für Gruppenarbeit

Inhaltliche Vorbereitung:

In dieser Sitzung geht es um die Vereinbarung von Zielen. Die Kolleginnen jeweils eines Arbeitszusammenhangs, also nicht alle gemeinsam, vereinbaren sich ohne die Leiterin darüber, welches Ziel sie in einem überschaubaren Zeitraum, beispielsweise bis zum Ende des Kalenderjahres, in der Eingewöhnung erreichen wollen. In kleineren Kitas reicht es aus, in zwei oder drei Gruppen parallel zu arbeiten.
Nach der Einigung über die anzustrebenden Ziele erarbeiten die Erzieherinnen Maßnahmen, die es ihnen ermöglichen sollen, ihre Ziele auch wirklich zu erreichen. Dabei wird es Maßnahmen geben, die von den Erzieherinnen durchzuführen und zu verantworten sind, und Maßnahmen, für deren Realisierung die Leiterin verantwortlich ist. Die Gruppen formulieren die notwendigen Maßnahmen für die eigene Arbeit und für die der Leiterin, notieren ihre Vorstellungen und treten anschließend mit der Leiterin über die Arbeitsergebnisse in Verhandlung.
Die Ergebnisse dieser Gespräche werden ebenfalls notiert und anschließend gemeinsam durch überprüfbare Aussagen ergänzt, beispielsweise: »Bis Ende Mai findet ein Elternabend zur Eingewöhnung statt.« Diese Zielvereinbarung wird abschließend von allen Beteiligten unterschrieben.
Hinweis: Für ältere Kinder gibt die Eingewöhnungsskala keine konkreten Hinweise. Trotzdem können Horterzieherinnen ihre Ziele und Maßnahmen für eine altersangemessene Eingewöhnung älterer Kinder formulieren und sie in Zielvereinbarungen schriftlich festhalten.

Empfehlung für das Leitungshandeln:

Das geplante Vorgehen zu Beginn kurz erläutern.
Zu Beginn darauf hinweisen, daß die jeweiligen Gruppen, ausgehend von der Selbsteinschätzung, sich mit ihren Zielsetzungen realistische und realisierbare Schritte vornehmen sollen. Also: Lieber kleine, aber erfolgreiche Schritte, als große Schritte, die möglicherweise überfordern und zu Frustrationen führen.
Die Aufgabe der Leiterin liegt nach der Gruppenarbeit nicht darin, die von den Erzieherinnen selbständig erarbeiteten und von ihnen angestrebten Ziele und Maßnahmen dahingehend zu korrigieren, daß sie leitungskompatibel sind. Die Leiterin muß sich als Verhandlungspartnerin verstehen, denn die Zielvereinbarung ist eine Vereinbarung, keine Zielbestimmung oder Verordnung. Diese Sicht erfordert in den Verhandlungen einerseits große Sensibilität gegenüber den »Produkten« der Mitarbeite-

rinnen, andererseits nimmt die Leiterin ihre Rolle wahr, indem sie beispielsweise auf nicht ausreichend berücksichtigte Rahmenbedingungen wie Stichtage oder ähnliches hinweist.
Die Leiterin vergewissert sich auch, daß die Arbeitsergebnisse von allen Erzieherinnen inhaltlich mitgetragen werden. Außerdem nimmt sie Stellung zu den Maßnahmen, die die Erzieherinnen für sie überlegt haben. Die Zielvereinbarung muß für alle Beteiligten stimmen; sollten Punkte strittig sein und bleiben, kann eine Moderationsunterstützung von außen sinnvoll sein.

Kurze Einführung ins Thema (10 Minuten):

Die Sitzung beginnt mit einer Rekapitulation der vergangenen Zusammenkunft: »Wir haben uns in der letzten Sitzung mit der Einschätzung unserer bisherigen Eingewöhnungspraxis befasst. Dabei wurde auch die Frage behandelt, warum wir die Eingewöhnung so gestalteten, wie wir es bisher taten.
Vielleicht sind euch in diesem Zusammenhang schon einige Punkte deutlich geworden, wie die Eingewöhnung an der einen oder anderen Stelle verändert werden könnte. In der heutigen Sitzung soll es darum gehen, Ziele miteinander festzulegen und Maßnahmen zu erarbeiten, die euch dabei helfen können, diese Ziele zu erreichen.
Nehmt euch in euren Gruppen als erstes die Eingewöhnungsskala vor und überlegt, welchen Standardwert ihr miteinander bis zum Ende des Kalenderjahres erreichen wollt. Dabei geht ihr genauso vor wie in der letzten Sitzung: Ihr prüft jedes Merkmal daraufhin, ob Ihr es zuverlässig, überwiegend, manchmal oder nicht erfüllen wollt oder könnt.«

Ein Beispiel: »Habt ihr in eurer Selbsteinschätzung ermittelt, daß ihr bei der Vorbereitung der Eingewöhnung Standard 3 überwiegend erfüllt, ist zu überlegen, ob ihr euch bis zum Ende des Jahres Standard 3 zuverlässig und Standard 5 manchmal als Zielsetzung vornehmen wollt.
Nehmt euch bei eurer Zielsetzung lieber kleinere Schritte vor, als euch mit einem großen Schritt zu überfordern.
Einigt euch also zuerst über eure Ziele, schreibt sie auf die Flips und unterteilt darunter die Seite in zwei Spalten. In die eine Spalte schreibt bitte die Maßnahmen, die ihr selber durchführen wollt, damit ihr das gesteckte Ziel erreichen könnt. In die andere Spalte schreibt die Maßnahmen, die ihr von mir als Leiterin zur Unterstützung braucht, damit das Ziel erreicht werden kann.«

Gruppenarbeit (60 bis 90 Minuten):

»Nehmt euch Zeit für die Erarbeitung der Maßnahmen. Je genauer ihr euch über die einzelnen Maßnahmen verständigen könnt, um so besser ist eure Grundlage, ein gemeinsames Ziel zu erreichen.
Ihr habt zunächst eine Stunde Zeit. Ich komme dann in die Gruppen, um zu schauen, ob ihr mehr Zeit benötigt. Wir können heute etwa 1,5 Stunden für die Gruppenarbeit einplanen. Wir treffen uns nach dieser Zeit auf jeden Fall noch kurz im Plenum und besprechen miteinander, wie es weitergeht. Wenn ihr zwischenzeitlich Fragen an mich habt, ich bin .... (im Büro) zu erreichen.«

Arbeitsblatt

Beispiel für die Erarbeitung einer Zielvereinbarung

Unser Ziel :

Vorbereitung der Eingewöhnung :
Standard 3 zuverlässig, Standard 5 manchmal

Durchführung der Eingewöhnung :
Standard 5 überwiegend

Maßnahmen der Erzieherinnen:
Was müssen wir tun, damit wir unser Ziel erreichen?

1. ....
2. ....
3. ....

Maßnahmen der Leitung:
Was muß die Leitung tun, damit wir unser Ziel erreichen können?

1. ....
2. ....
3. ....

Wahrscheinlich werden die Gruppen 1,5 Stunden brauchen, um die Ziele und Maßnahmen miteinander zu erarbeiten und abzustimmen. Möglicherweise werden sie auch in dieser Zeit nicht fertig, so daß die begonnene Arbeit an einem möglichst kurzfristig zu vereinbarenden Folgetermin fortgesetzt werden muß.

Zur Unterstützung kann die folgende Checkliste dienen, die ein Merkmal aus der Vorbereitung der Eingewöhnung so differenziert, daß sie eine brauchbare Grundlage für die Zielvereinbarungen bietet.

Die Abstimmung der Zielvereinbarung zwischen Leiterin und Erzieherinnen findet in jedem Fall in der sechsten Sitzung statt. Die fünfte Sitzung wird mit einer kurzen Plenumsrunde beendet, in der die Gruppen berichten, wie es ihnen in ihrer Zusammenarbeit ergangen ist. Auf emotionale oder gruppendynamische Aspekte kann in diesem Rahmen zwar nicht mehr eingegangen werden, aber die athmosphärische Rückmeldung ist wichtig.

Arbeitsblatt

Checkliste zur Erarbeitung von Zielvereinbarungen für den Qualitätsstandard »Eingewöhnung«

Merkmal: Vorbereitung der Eingewöhnung – Informationskontakt/ erstes Kennenlernen

Wir wollen euch mit dieser Checkliste darin unterstützen, die unter Standard 3 stehenden Sätze zum Informationskontakt und dem ersten Kennenlernen der Eltern genauer zu beschreiben. Die Checkliste, deren Grundlagen von einer Arbeitsgruppe am Fachtag (1. Juli 1998) erarbeitet wurden, ist als Anregung zu verstehen und soll euch insbesondere bei euren Überlegungen zur Zielvereinbarung helfen. Sie wird auch Bestandteil der Fachtagsdokumentation sein, die im Herbst fertiggestellt wird.

Was in der Skala steht	Was heißt das konkret?	Checkliste	Was wir tun wollen
Einladung	Wer lädt ein? In welcher Form?	Leitung oder Erzieherin • telefonisch • schriftlich • formell • persönlich •	
...zu einem Elterngespräch	Wer wird angesprochen und eingeladen?	• die Familie • beide Eltern • Mutter oder Vater	
...mit oder ohne Kind ...	Was ist sinnvoll?	Argumente dafür • .... • .... • .... Argumente dagegen • .... • .... •	

Arbeitsblatt

Was in der Skala steht	Was heißt das konkret?	Checkliste	Was wir tun wollen
	Entscheidet dies die Kita, oder sollen Eltern entscheiden?	Argumente dafür • .... • .... • .... Argumente dagegen • .... • .... •	
	Wie wird den Eltern die Entscheidung übermittelt?	• gar nicht • als Mitteilung • mit Erklärung	
...vor Eintritt...	Wie lange vor der Aufnahme des Kindes findet dieses erste Kennenlernen statt?	• bis Ende Mai • bis Ende Juni • bis zu den Sommerferien • bis 4 Wochen vor Aufnahme des Kindes • bis 2 Wochen vor Aufnahme des Kindes	
	Wer führt das Gespräch?	Leitung oder Erzieherin	
	Zu welcher Tageszeit?	• vormittags • in der Mittagszeit • nachmittags	
	Wieviel Zeit ist eingeplant?	• 1 Stunde • 1,5 Stunden • 2 Stunden • im Dienstplan gekennzeichnet	

Arbeitsblatt

Was in der Skala steht	Was heißt das konkret?	Checkliste	Was wir tun wollen
	Wo findet das Gespräch statt?	• im Büro • im Personalraum • in einem Gruppenraum • außerhalb der Kita	
allgemeines erstes Kennenlernen der Kita	Wird den Eltern eine Führung angeboten?	• gesamte Kita • exemplarischer Ausschnitt	
	Was wird den Eltern über die Kita erzählt?	• Geschichte • wie viele Kinder • Nationalitäten • wie viele Fachkräfte • Öffnungszeiten • Konzept-Schwerpunkte	
	Werden Eltern gefragt, was sie gern wissen wollen?	• Bevor erzählt wird? • Im Anschluß an das Erzählte? • Werden Eltern auf einen späteren Zeitpunkt »vertröstet«?	
Informationen zur Aufnahme	Was müssen Eltern von uns erfahren, damit sie sich gut informiert fühlen?	• Elternbrief • Unbedenklichkeitsbescheinigung • Was mitzubringen ist: (Wechselwäsche, Windeln, Hausschuhe, Obst...) •	

Arbeitsblatt

Was in der Skala steht	Was heißt das konkret?	Checkliste	Was wir tun wollen
	Vergewissern, was Eltern tatsächlich am meisten interessiert.	gruppenspezifische Infos • Anzahl/Alter der Kinder • Nationalitäten • Integration • Tagesablauf • regelmäßige Aktivitäten der Gruppe • Konzept–Schwerpunkte • Infos über/ Vorstellen des Personals der Gruppe,...	
Informationen zur Aufnahme Gespräch über das Kind...	Infos über die Zusammenarbeit mit Eltern Wie ist der Entwicklungsstand des Kindes?	Was wünschen sich Kita und Eltern? • Bestehen Krankheiten oder Einschränkungen, z.B. Allergien beim Kind? • Eßgewohnheiten • Schlaf/Ruhegewohnheit • Stand der Sauberkeitserz. • Was versteht das Kind? • Was spricht das Kind? • Wie sieht der Kontakt zu anderen Kindern aus?	

Arbeitsblatt			
Was in der Skala steht	**Was heißt das konkret?**	**Checkliste**	**Was wir tun wollen**
		• Wie verhält sich das Kind in Belastungssituationen? Was hilft ihm? • Benötigt es rituelle Hilfsmittel (Nuckel, Schmusetuch ...)? • Welches Spielzeug bevorzugt das Kind?	
...Lebenssituation des Kindes	Zur häuslichen Situation: Achtung!!! Äußerste Sensibilität, Eltern nicht ausfragen. Wichtig: Gibt es Geschwister? Wie ist die berufliche Situation der Eltern?	Vertrauen braucht Zeit, und es wird noch viele Gelegenheiten geben. Anders ist es, wenn Eltern von sich aus erzählen. Hier kann jedoch das Problem auftauchen, daß man sich abgrenzen muß, um nicht in sämtliche Familienprobleme einbezogen zu werden. Entscheidend ist: »Worüber müssen wir sprechen, damit es Ihrem Kind gut /besser geht?«	

Arbeitsblatt

Was in der Skala steht	Was heißt das konkret?	Checkliste	Was wir tun wollen
Informationen zur Eingewöhnung	Wie läuft die Eingewöhnung konkret ab? Wurde das Kind schon woanders betreut? Wie hat das Kind auf die Trennung reagiert?	Tip: Mit den Eltern die Broschüre noch mal gemeinsam durchgehen? Über alles sprechen, was im Zusammenhang mit den genannten Punkten auftaucht, besonders über Bedenken und Sorgen der Eltern.	
	Haben die Eltern bereits Erfahrungen mit der Eingewöhnung dieses/ anderer Kinder gemacht? Wurde die Eingewöhnungsbroschüre verteilt? Wann wird der Platz für das Kind benötigt? • genauen Eingewöhnungszeitraum absprechen	Die in der Broschüre allgemein angesprochenen Abläufe konkretisieren, z.B. • Wer gewöhnt ein? • Was geschieht am ersten Tag... • ...und an den weiteren? • Wieviel Zeit sollen die Eltern einplanen? • Wann ist die Eingewöhnung abgeschlossen?	

Die sechste Sitzung

Zur Vorbereitung und zum Leitungshandeln: siehe Hinweise der fünften Sitzung

Die sechste Sitzung knüpft inhaltlich an die fünfte an. Je nachdem, wie weit die Arbeitsgruppen gekommen sind, setzen sie ihre Gruppenarbeit fort, oder Leiterin und Kolleginnen stimmen ihre Arbeitsergebnisse ab. Wenn alle Maßnahmen miteinander besprochen sind, werden sie eventuell noch um konkrete Punkte ergänzt, beispielsweise: »...bis dann erfolgt ...« Dieses Konkretisieren hilft allen Beteiligten, die vereinbarten Maßnahmen im Verlaufe der Zeit immer mal wieder zu überprüfen.
Die Leiterin oder eine Erzieherin schreibt die Ziele, den Zeitraum der Zielvereinbarung und die Maßnahmen ab, alle Beteiligten unterschreiben die Zielvereinbarung und erhalten anschließend eine Kopie.

Der Abschluß von Zielvereinbarungen

Die folgenden, in Projektkitas erarbeiteten Zielvereinbarungen oder Ausschnitte aus Zielvereinbarungen vermitteln einen bisher noch sehr vorläufigen Eindruck, welche Inhalte in Zielvereinbarungen aufgenommen werden. Es fällt auf, daß zunächst organisatorische, den Ablauf bestimmende Maßnahmen aufgeführt werden. Sie sichern sozusagen die Rahmenbedingungen, unter denen die Eingewöhnung vorbereitet und durchgeführt wird, und lassen sich gut nachprüfen oder »messen«, zum Beispiel: Ist der vereinbarte Urlaubsstop eingehalten worden?
Die ersten Zielvereinbarungen verdeutlichen auch, wie sich die Beteiligten an die neue, ungewohnte Materie herantasteten. Wir hatten sie ausdrücklich zu kleinen Schritten ermutigt, mit dem Hinweis auf eine regelmäßige Überarbeitung und Vertiefung in den nächsten Zielvereinbarungen.
Es wird angestrebt, daß die Zielvereinbarungen im Laufe der Jahre einen stärker inhaltlichen, fachlichen Charakter bekommen und damit gehaltvoller werden. Zuvor müssen jedoch die organisatorischen Rahmenbedingungen und Abläufe geregelt und in das Handlungsrepertoire aller Mitarbeiterinnen eingegangen sein.

Arbeitsblatt

Beispiel 1: Zielvereinbarung

Kita:	XY
Thema:	Eingewöhnung
Zeitraum:	1.01.98 – 31.12.98
Beteiligte:	Abteilung Krippe / Leitung

Merkmal:	Eingewöhnungsbroschüre
Ziel:	5 (zuverlässig)
Maßnahmen:	Die Eingewöhnungsbroschüre wird von der Leitung bei Platzzusage ausgegeben.

Merkmal:	Vorbereitung der Eingewöhnung
Ziel:	3 (zuverlässig)
Maßnahmen:	Beim ersten Gespräch (Aufnahmeformalitäten) ist die Gruppenerzieherin beteiligt; spätestens im Juni findet für alle neuen Eltern ein Info-Elternabend statt; an diesem Abend vereinbaren die Erzieherinnen den ersten persönlichen Gesprächstermin mit Eltern und Kind. Zeit und Ruhe für dieses Gespräch werden bei der Dienstplanung berücksichtigt.

Merkmal:	Durchführung der Eingewöhnung
Ziel:	5 (zuverlässig)
Maßnahmen:	In der Eingewöhnungszeit (August/September) wird kein Urlaub genommen; die Kinder werden gestaffelt aufgenommen, nicht mehr als ein Kind pro Woche und pro Gruppe; die Eingewöhnungen finden wöchentlich wechselweise vor- oder nachmittags statt. Der gesamte Eingewöhnungszeitraum in der Krippe soll drei Monate nicht überschreiten.

Arbeitsblatt

Merkmal:	Eingewöhnung in den ersten vier Tagen
Ziel:	5 (zuverlässig)
Maßnahmen:	Die Eingewöhnung erfolgt in kleiner Gruppe mit nicht mehr als vier anderen Kindern
Allgemeines:	Erzieherinnen und Leitung gestalten den jetzigen Personalraum um für persönliche Elterngespräche und als Aufenthaltsmöglichkeit für Eltern nach erfolgreicher Trennung. Die Leitung versucht, die Mitarbeiterinnen aus Eingewöhnungsgruppen nicht mit in den Vertretungsplan einzubeziehen.

Berlin, den.............................. Unterschriften der Beteiligten

Arbeitsblatt

Beispiel 2: Zielvereinbarung

Kita:	XY
Thema:	Eingewöhnung
Zeitraum:	1.01.98 – 31.12.98
Beteiligte:	Einheit Altersmischung 1

Merkmal:	Vorbereitung der Eingewöhnung
Ziel:	3 (zuverlässig), 5 (überwiegend)
Maßnahmen:	Bis Ende Februar 1998 wird der Aufnahmebedarf der Gruppen zum Sommer schriftlich an die Leitung gemeldet; die Leitung nimmt den Aufnahmebedarf der Einheiten entgegen und erarbeitet bis Ende März 98 eine Aufnahmeplanung; bis Ende April findet eine Dienstbesprechung statt, die von der Leitung einberufen wird, um die Aufnahmeplanung mit den Erzieherinnen abzusprechen; nach dem Gespräch mit der Leitung über die Aufnahmeplanung werden die aufzunehmenden Kinder von den Erzieherinnen auf die verschiedenen Einheiten aufgeteilt; die Leitung lädt neue Eltern bis Ende Mai zu einem Infoabend ein, der von den Erzieherinnen gestaltet wird; die Erzieherinnen legen miteinander fest, wer welches Kind wann eingewöhnt, und informieren die Leitung; die jeweilige Eingewöhnungserzieherin lädt ihre neuen Eltern einzeln einige Tage vor Aufnahme des Kindes zu einem persönlichen Gespräch ein und bespricht mit ihnen den konkreten Eingewöhnungsablauf und -zeitpunkt; die Erzieherinnen bereiten ein altersentsprechendes Spielangebot für die jeweils ersten Eingewöhnungstage vor.

Arbeitsblatt

Allgemeines:	Bis Mitte Oktober findet eine gemeinsame Zwischenauswertung der Eingewöhnung bei einer Dienstbesprechung statt; die Leitung überprüft, ob die vereinbarten Zeitabsprachen eingehalten werden; eingewöhnende Erzieherinnen werden im Dienstplan besonders gekennzeichnet; Urlaubssperre während der Haupteingewöhnungszeit bis Ende September.

Berlin, den .... Unterschriften der Beteiligten

Die ersten Erfahrungen mit Zielvereinbarungen zeigen, daß sich alle Beteiligten vorsichtig an diese neue Art herantasten, Verbindlichkeiten miteinander zu entwickeln. Insofern ist nicht allein entscheidend, was in der einzelnen Zielvereinbarung steht – in der Regel weit weniger, als das, was tatsächlich von den Erzieherinnen umgesetzt wird –, sondern daß die Zielvereinbarung miteinander erarbeitet, umgesetzt, nach einiger Zeit überprüft und dann weiterentwickelt wird.

Zielvereinbarungen überprüfen und Folgevereinbarungen abschließen

Vor Ablauf der Zielvereinbarung, also nach etwa einem Jahr, findet eine Dienstbesprechung statt, in der die Erzieherinnen anhand der Skala und der Maßnahmen überprüfen, ob sie die angestrebten Ziele erreichten. Sie werten miteinander die Eingewöhnung aus, überlegen, was geklappt oder nicht so gut funktioniert hat, und machen sich Gedanken, wie man die Erfahrungen für die zukünftige Eingewöhnung nutzen kann. In die Auswertung fließen auch die Ergebnisse der Elternbefragung[15] ein, die den Erzieherinnen und der Leiterin eine Rückmeldung zu der geleisteten Arbeit geben.

[15] Siehe S. 131f. zur Erarbeitung und Auswertung von Elternfragebögen S. 182f. Anhang 2

Bei dieser Auswertung stehen auch die von der Kitaleiterin verantworteten Maßnahmen auf dem »Prüfstand«. Zentrale Fragen der gemeinsamen Bewertung sind dabei:

Was können wir künftig besser machen?
Wie können wir aus den Erfahrungen für die Zukunft lernen?

Danach werden die Ziele für den nächsten Zeitraum miteinander abgestimmt und, wie gehabt, um solche Maßnahmen ergänzt, die helfen können, diese Ziele zu erreichen. Hierfür sind mindestens eine, besser zwei Dienstbesprechungen einzuplanen.

Erfahrungen der Projektkitas bei der Umsetzung

Die Erfahrungen der fünf Projektkitas lassen sich im wesentlichen drei Aspekten zuordnen, die nachfolgend näher betrachtet werden:

Erfahrungen mit dem ersten Sitzungszyklus,
Erfahrungen mit der neuen Leitungsrolle,
Erfahrungen mit der Umsetzung des pädagogischen Qualitätsstandards »Eingewöhnung«.

Die Resonanz auf die neue Art der Dienstbesprechungen war positiv, weil sich die Mitarbeiterinnen in allen Sitzungen beteiligen konnten. Die sattsam bekannten Frontalveranstaltungen, in denen nur ein paar Wortführerinnen zum Zuge kommen und Entscheidungen entweder endlos diskutiert oder bloß abgenickt werden, gab es nicht mehr. Vielmehr wurde eine gut strukturierte, durch Kleingruppenarbeit aufgelockerte Arbeitsweise eingeführt. Sie begünstigte ein offenes und sachliches Klima in der Zusammenarbeit. Besonders stille Mitarbeiterinnen beteiligten sich aktiver, Meinungen wurden in größerer Breite als sonst geäußert. Die starke Ergebnisorientierung der einzelnen Sitzungen führte zielgerichtet und erfolgreich zu Arbeitsergebnissen.
Eine Leiterin: »Bei mir wird es keine Dienstbesprechungen alten Stils mehr geben. Künftig werde ich auch andere Besprechungen methodisch genau vorbereiten, die Kolleginnen einbeziehen und die Arbeitsergebnisse visualisieren.«

Zur Leitungsqualifizierung

Solche Äußerungen wie die vorangegangene sind der Qualifizierung der Leiterinnen in Grundlagen der Moderationstechnik zuzuschreiben. Die Leiterinnen nahmen eine neue Rolle gegenüber ihrem Team ein.

Zur Teamentwicklung

Als Führungskräfte nicht nur abstrakt Verantwortung zu tragen, sondern das eigene Team zu qualifizieren und die vorhandenen Ressourcen der Mitarbeiterinnen zu mobilisieren und zu fördern – das wurde in der Werkstatt erstmals systematisch ausprobiert und kann als erfolgreiches Modell für die Schulung von Multiplikatorinnen im Kinder- und Jugendbereich gelten.

Zur neuen Rolle der Leiterinnen

Die Leiterinnen wurden in ihrer für sie vor allem zu Beginn neuen Rolle von ihren Mitarbeiterinnen angenommen. Mit der Zurückhaltung, die ihnen die Moderation auferlegte, hatten die Leiterinnen anfangs Schwierigkeiten. Nachdem sie sich, auch mit Unterstützung ihrer Arbeitsgruppe, darin geübt hatten, stellten sie fest, daß ihre Mitarbeiterinnen sie in der erweiterten Rolle schnell akzeptierten. So zu leiten und trotzdem Anerkennung und Autorität im besten Sinne zu gewinnen – das war eine neue und positive Erfahrung.
Eine Leiterin: »Meine Mitarbeiterinnen haben mich akzeptiert und fühlten sich erkennbar wohl. Sie saßen auch nach Sitzungsende noch zusammen, angeregt miteinander redend. Das gab es vorher nicht.«
Auch die stellvertretenden Leiterinnen, die für die Entwicklung von Qualitätsstandards in ihren Kitas zuständig waren, machten neue Erfahrungen. Nach der ersten Sitzung standen sie manchmal »mit dem Rükken an der Wand«. Überaus deutlich spürten sie die Widerstände der Kolleginnen. Noch ungeübt in der neuen Rolle, suchten sie Entlastung in der Arbeitsgruppe »Projektkitas«, in der sie die zweite Sitzung genauer vorbereiteten und klarer absprachen. Schon die zweite Sitzung, inhaltlich stärker themenbezogen, verlief erstaunlich unproblematisch. Die Kolleginnen ließen sich auf die Arbeitsweise ein, und besondere Unterstützung war nicht mehr erforderlich.

Zum Rollenkonflikt

Beide stellvertretende Leiterinnen leiteten die Sitzungen zur Selbsteinschätzung der bisherigen Eingewöhnung und zur Zielvereinbarung nicht. Vor allem deshalb, weil sie selbst pädagogisch arbeiten. In diesem Falle war die Beteiligung an der Selbsteinschätzung und Zielvereinbarung als Kolleginnen notwendig. Hätten sie die jeweiligen Sitzungen leiten müssen, wäre ein Rollenkonflikt nicht auszuschließen. Um ihn zu vermeiden, sind verschiedene Modelle denkbar: Sitzungen werden von der Leiterin geleitet, von einer Leiterin einer anderen Kita oder von der Beraterin. In großen Kitas, in denen die stellvertretende Leiterin vom Gruppendienst freigestellt ist, wird dieses Problem kaum auftauchen, da sie sich in keiner unmittelbaren Arbeitsbeziehung mit den Kolleginnen befindet.

Zum Konkurrenzverhalten

Um möglicher Konkurrenz von vornherein zu begegnen, ist es wichtig, daß die Leiterin und ihre Stellvertreterin dieses Problem gleich zu Beginn klären. Nur eine wirklich für diese Aufgabe freigestellte Stellvertreterin kann sich auf das neue Arbeitsgebiet einlassen. Sie braucht dazu die Unterstützung und möglicherweise auch Mitarbeit ihrer Leiterin. Zu empfehlen ist ohnehin, daß Leiterin und Stellvertreterin sich dieser Aufgabe gemeinsam stellen, die Sitzungen zusammen vorbereiten und durchführen, auch wenn vielleicht nur eine der beiden Mitglied in der Arbeitsgruppe ist. In zahlreichen Kitas, die inzwischen Qualitätsstandards eingeführt haben, verfuhr man so. Die Kitaleiterinnen, ihrerseits Mitglieder der Arbeitsgruppe, bezogen ihre Stellvertreterinnen in die jeweilige Sitzungsvorbereitung ein und machten damit positive Erfahrungen.

Zur Resonanz auf die Dienstbesprechungen neuen Stils

Die erste Sitzung, der Auseinandersetzung der Mitarbeiterinnen mit dem Thema »Qualitätsstandards in der Kita« gewidmet, kann als »Gesellenstück« in Moderation gelten. Da über Widerstände und Ängste gesprochen werden sollte, mußte die Moderatorin mit entsprechenden Reaktionen der Mitarbeiterinnen rechnen, die dann auch eintraten. Dennoch: Die Vorbehalte wurden ernst genommen, besprochen und gekennzeichnet, wenn sie nicht ausgeräumt werden konnten und deshalb weiter zu berücksichtigen waren.

Häufig geäußerte Vorbehalte gegenüber Qualitätsstandards in der Kita:
Angst vor Kontrolle,
Angst vor Konkurrenz,
Angst vor Einflußnahme von außen auf die Kitapädagogik,
Angst vor Normierung.

Andere Kitaleiterinnen, in Erwartung aller möglichen Vorbehalte ihrer Mitarbeiterinnen, sahen sich kaum damit konfrontiert. Ihre Teams waren schon weiter als gedacht und setzten sich intensiver mit den Chancen auseinander, die Qualitätsstandards in der Pädagogik mit sich bringen.

Häufig geäußerte Chancen, die Qualitätsstandards in der Kita einräumen:
Chance, pädagogische Arbeit nach innen und außen transparenter zu machen;
Chance, die Qualität ständig überprüfen zu können;
Chance, mehr Anerkennung zu finden und den Erzieherberuf aufzuwerten;
Chance, eine gemeinsame fachliche Grundlage zu schaffen und die Auseinandersetzung darüber zu führen.

Erfahrungen mit der Selbsteinschätzung

Mit Spannung erwarteten wir die Selbsteinschätzungen der Eingewöhnungspraxis. Wie würden die Mitarbeiterinnen damit umgehen? Würden sie sich realistisch einschätzen?
Die Erfahrungen in allen fünf Projektkitas zeigten, daß die Mitarbeiterinnen ihre bisherige Eingewöhnung sehr realistisch einschätzen konnten. Zwar wurden die Leiterinnen vorher darauf hingewiesen, unrealistische Selbsteinschätzungen nicht zu kommentieren, doch dieser Hinweis war nicht nötig. Alle fünf Kitaleiterinnen waren überrascht, wie sehr ihre eigenen Einschätzungen mit den Selbsteinschätzungen ihrer Mitarbeiterinnen übereinstimmten. Dazu trug sicherlich auch das Selbsteinschätzungsverfahren[16] bei, das, methodisch gut aufbereitet, präzise Auswertung ermöglicht.

---

[16] Siehe S. 105f. im Kapitel »Der Handlungsleitfaden Eingewöhnung für Kitaleiterinnen«

Einige Leiterinnen hatten angeregt, die Selbsteinschätzung in kleinen Gruppen jeweils zusammenarbeitender Kolleginnen vorzunehmen, also zum Beispiel der Erzieherinnen auf einer Etage oder aus einer Abteilung. Andere schlugen den Mitarbeiterinnen gemischte Gruppen vor.

Krippen-, Kindergarten-, und Horterzieherinnen erarbeiteten ihre Einschätzung zusammen und gaben sich aus ihren jeweiligen Blickwinkeln Anregungen oder Rückmeldungen. Beide Vorgehensweisen sind möglich – jede Einrichtung kann selbst entscheiden, welches Verfahren ihrer Situation am besten entspricht.
Besonders positiv vermerkt wurde die gemeinsame inhaltliche Auseinandersetzung aller Mitarbeiterinnen mit einem Thema, das auf den ersten Blick nur den Kleinkindbereich zu betreffen scheint. Die Erfahrungen zeigten, daß ganze Teams einen inneren und fachlichen Bezug zur Eingewöhnung entwickelten. Auch Erzieherinnen, die mit älteren Kindern arbeiteten, machten sich, unabhängig von der Skala, die für den Kleinkindbereich erarbeitet wurde, Gedanken über die Eingewöhnungen ihrer Kinder und entwickelten dazu gute Ideen, die in Zielvereinbarungen festgehalten wurden.
Die Überlegungen zu Umsetzungsmaßnahmen, um angestrebte Ziele auch wirklich erreichen zu können, fanden die Mitarbeiterinnen ebenfalls sehr anregend. Eine Erzieherin: »So genau haben wir uns vorher nie Gedanken gemacht, auch wenn die Eingewöhnung bei uns schon gut lief.«

Das Problem völlig voneinander abweichender Ziele tauchte in keiner der fünf Projektkitas auf, obwohl die Leiterinnen darauf vorbereitet waren. Die miteinander arbeitenden Erzieherinnen konnten sich in ihren Verhandlungen auf Ziele einigen. Auch Maßnahmen, die helfen, die Ziele zu erreichen, wurden problemlos miteinander abgestimmt. Sicherlich hatten sich die Gruppen auf von allen getragene Ziele geeinigt, was nicht ausschließt, daß die eine oder andere Erzieherin darüber hinausgehende Umsetzungsschritte ausprobieren wird.

Leiterinnen wurden in ganz neuer Weise gefordert. Ihre Unterstützung bei den Maßnahmen, die notwendig sind, um die Ziele zu erreichen, werden die Erzieherinnen künftig stärker als zuvor einfordern. Auf der anderen Seite können Leiterinnen die von den Erzieherinnen geplanten Handlungsschritte nachvollziehen und, wo nötig, auf Abweichungen hinweisen. All diese Aussichten auf stärkere Verbindlichkeit produzierten keine Ablehnung, wie zuvor erwartet. Ganz im Gegenteil: Die Mitarbeiterinnen reagierten überwiegend mit Zustimmung.

Erfahrungen bei der Umsetzung

Die Erfahrungen bei der sich anschließenden Umsetzung der Zielvereinbarungen zum Qualitätsstandard »Eingewöhnung« zeigten, daß die vorbereitenden Dienstbesprechungen einen Motivationsschub ausgelöst hatten. Auch die Verbindlichkeiten, die mit den Zielvereinbarungen entstanden, fanden Zustimmung. Beispielsweise fragten Erzieherinnen ihre Leiterin, warum ein Kind ohne vorherige Absprache aufgenommen wurde. Dies verstieß gegen die Zielvereinbarung und wurde berechtigt kritisiert, so selbstbewußt wie sachbezogen.
Von einer anderen Situation berichtete eine Leiterin: »Eine Erzieherin kam auf mich zu und fragte, ob sie in vier Wochen Urlaub nehmen kann. Ich wies auf die in der Zielvereinbarung stehende Urlaubssperre für die Eingewöhnungszeit hin und bat die Erzieherin, sich die Vereinbarung noch einmal vorzunehmen. Am nächsten Tag kam sie zu mir und räumte ein, daß ich recht hatte und es eine entsprechende Regelung in der Zielvereinbarungen gibt. Die Lage war geklärt und eine Situation bereinigt, die sich ohne Vereinbarung schnell zum Konflikt auswachsen kann.«
Gefragt, was sich durch den Qualitätsstandard »Eingewöhnung« geändert habe, sagte eine Leiterin: »Ich schaue viel aufmerksamer hin, wie die Erzieherinnen Kinder eingewöhnen. Ich spreche sie auch an und frage, wie es läuft, ob sie Unterstützung brauchen. Mir ist dieses Thema viel stärker ins Bewußtsein gedrungen. Ich habe meine Haltung verändert, und das ändert dann vieles.«
Eine Erzieherin: »Die Skala haben wir, ehrlich gesagt, schon fast vergessen. Ich weiß nicht mehr genau, was bei Standard 5 oder 7 steht. Aber das ist auch nicht so wichtig, weil ich unsere Zielvereinbarungen noch genau in Erinnerung habe. Die Maßnahmen, die wir uns überlegt haben, die halten wir nach Möglichkeit ein.«

Fazit: Die Überlegung, die Skala als Einstieg in eine gezielte inhaltliche Auseinandersetzung zu nutzen und die Erzieherinnen, nachdem sie ihre Zugänge zum Thema fanden, eigene Umsetzungsideen entwickeln zu lassen, ging tatsächlich auf. Selbst erarbeitete Ideen sind tragfähiger und werden zuverlässiger umgesetzt als »angeordnete Weisheiten«.
Die Skala, das »Pflicht«-Programm, schuf die Basis und gab die Orientierung für die »Kür« – die Umsetzung pädagogischer Qualitätsstandards in der Kita. So wurde es möglich, einen Qualitätsentwicklungs- und -sicherungsprozess in Gang zu setzen, der mit den regelmäßig wiederkehrenden Zielvereinbarungsgesprächen, denen jeweils die Einschätzung der zuvor geleisteten Arbeit vorausging, ein hohes Maß an Verbindlichkeit und Identifikation herstellt.

Die zweite Phase der Umsetzung

Seit Anfang 1998 wurde die Werkstatt zur »Qualitätsentwicklung in Kindertagesstätten« auf 60 Kitas des Berliner Bezirks Reinickendorf ausgeweitet. Nicht nur fünf Projektkitas setzten nun den pädagogischen Qualitätsstandard »Eingewöhnung« um, sondern fast alle Einrichtungen. Die Kitaleiterinnen meldeten sich mit ihren Kitas freiwillig an. Ihre hohe Beteiligung – mehr als 90 Prozent der bezirklichen Einrichtungen – spricht für die Akzeptanz der gesamten Werkstatt und bestätigt, daß sich das aufwendige Informations- und Beteiligungssystem bewährte. Mittlerweile sind alle Reinickendorfer kommunalen Kitas an der Umsetzung der Qualitätsstandards beteiligt.
Es oblag dem Fachamt, zu entscheiden, in welcher zeitlichen Abfolge die pädagogischen Qualitätsstandards künftig für alle Kitas, Leiterinnen und pädagogischen Mitarbeiterinnen verbindlich werden können. Der Amtsleiter teilte diesen geplanten Ablauf den Mitarbeiterinnen im Rahmen eines Fachtags im Juli 1998 als Zeitleiste mit.

Qualifizierung der Kitaleiterinnen zu Teamentwicklerinnen

Bei der Umsetzung der pädagogischen Qualitätsstandards in den Projektkitas erhielt die systematische Qualifizierung der Kitaleiterinnen zentralen Stellenwert. Es erhob sich die Frage: Wie werden die Qualitätsstandards in mehr als 50 Kindertagesstätten eingeführt?
Nach den Erfahrungen mit den Projektkitas stand fest, daß es auch in den anderen Einrichtungen einen von den Kitaleiterinnen eingeführten Ablauf geben sollte, an dessen Ende in jeder Kita der Abschluß von Zielvereinbarungen steht. Der Handlungsleitfaden[17], der in Zusammenarbeit mit den Projektkitas entstand, wurde zum Kernstück der Leitungsqualifizierung in der zweiten Umsetzungsphase.
Bei den Kitaleiterinnen bestand großes Interesse, sich an der Umsetzung zu beteiligen. Dieses Interesse resultierte sicherlich auch aus dem Angebot, das allen Leiterinnen offeriert wurde: In Gruppen zu acht bis zehn Personen zusammengefaßt, würden sie von Beraterinnen bei der Umsetzung begleitet.

---

[17] Siehe S. 89f.

Die Gruppen, nach dem Modell der »Arbeitsgruppe Projektkitas« angelegt, bildeten sich in regionaler Zuordnung. Aus mehreren Kitas nahmen Leiterin und Stellvertreterin teil, insbesondere für große Kindertagesstätten ein sinnvolles Vorgehen. In einem Zeitraum von etwa einem Jahr wurden, zeitlich versetzt, insgesamt mehr als 80 Kitaleiterinnen fortgebildet.

Die Arbeitsgruppen trafen sich einmal im Monat mit der Beraterin, arbeiteten in jeder Sitzung einen Teil des Handlungsleitfadens durch und übten sich in der Anwendung der darin enthaltenen Praktiken. Auf diese Weise bereiteten sie sich praxisorientiert auf die Dienstbesprechungen vor, die sie mit ihren Mitarbeiterinnen nach den Treffen der Arbeitsgruppe durchführten. Geübt wurden im wesentlichen Methoden der Moderationstechnik wie zum Beispiel Kartenabfragen, Themeneinführungen, das Visualisieren und Bündeln von Arbeitsergebnissen und der Umgang mit schwierigen Situationen. Auch die Auseinandersetzung mit der eigenen Rolle war regelmäßig Thema in den Arbeitsgruppen. Die dabei erworbenen Erfahrungen wurden miteinander ausgetauscht. So entstand eine Athmosphäre des Miteinander-und-voneinander-Lernens, eine Voraussetzung für die selbständige Zusammenarbeit, die nach der Einführung des Qualitätsstandards »Eingewöhnung« beginnen sollte.

In einer Fortbildung, die speziell auf Moderationstechniken ausgerichtet war, eigneten sich mehr als 20 Kitaleiterinnen, einige Erzieherinnen und Mitarbeiterinnen des Fachamtes das »know how« an, um die Moderation in Arbeitsgruppen übernehmen zu können. Die Idee, Mitarbeiterinnen des Fachamtes einzubeziehen, entstand in der Steuerungsgruppe. Sie befürchtete, daß sich zwischen den zunehmenden Kompetenzen der Leiterinnen und den diesbezüglich vergleichsweise wenig entwickelten Kompetenzen der Vorgesetzten eine allzu große Kluft auftun könnte. Dies sollte vermieden werden. Ganz abgesehen davon, daß die Veränderungen, die sich im Kitabereich künftig vollziehen werden, es notwendig machen, daß auch übergeordnete Leitungen über Arbeitsmethoden verfügen, die es ermöglichen, Beteiligte aktiv einzubeziehen. Darüber hinaus eignet sich das Thema »Moderation« in besonderer Weise als gemeinsames Lernfeld, denn es ist neutral und im sozialen Bereich relativ neu. Schon während der Fortbildung erwies sich dieses Herangehen als erfolgreich. Alle Teilnehmerinnen empfanden es als wichtig und förderlich, in erweitertem Rahmen gleichberechtigt neue Erfahrungen zu sammeln und sie in der Zusammenarbeit zu erproben.

Zu weiteren pädagogischen Qualitätsstandards wurden inzwischen Handlungsleitfäden erarbeitet. Die Arbeit an den Qualitätsstandards »Essenssituationen«, »Schlaf- und Ruhesituationen« sowie »Sauberkeitserziehung« wurde in der »Arbeitsgruppe Projektkitas« bereits abgeschlossen, und die Ergebnisse können künftig in Form eines Handlungsleitfadens als Grundlagenmaterial in den Gruppen der Kitaleiterinnen für die Umsetzung genutzt werden.

Der bezirkliche Fachtag »Qualitätsentwicklung in Kitas«

Einen Eindruck vom Erfolg der Werkstatt und der damit einhergehenden systematischen Leitungsqualifizierung vermittelte der bezirkliche Fachtag zum Thema: »Qualitätsentwicklung in Reinickendorfer Kitas«. An seiner Vorbereitung und Durchführung beteiligten sich neben der Steuerungsgruppe auch die fünf Projektkitas, die »Arbeitsgruppe Qualitätssicherung« und andere Mitarbeiterinnen des Kitabereichs.
Die inzwischen deutlich erkennbare Moderationskompetenz vieler Leiterinnen, die vor allem in der methodisch qualifizierten Leitung verschiedener Arbeitsgruppen zum Ausdruck kam, fiel auf. Methodenkompetenz wurde auch bei den professionell vorbereiteten Ergebnispräsentationen sichtbar, und die »neue Fachlichkeit« überzeugte in differenzierten Beiträgen von Erzieherinnen und Leiterinnen zur Qualitätsdebatte wie bei der Reflektion erster Erfahrungen.
Der Fachtag diente mit seinem Programm vor allem der Information des bezirklichen Kindertagesstättenbereichs über den aktuellen Werkstattstand und zukünftige Schritte.
Die Plenumsveranstaltung mit unterschiedlichen methodischen Angeboten wie gespielten Szenen zur Qualitätsdebatte, Plenumsdiskussionen, Vorträgen und einer aufwendig visualisierten Präsentation der Werkstatt wechselten sich ab mit intensiver Gruppenarbeit und einem Ergebnismarkt. Ein Ausblick auf die Qualitätsdebatte im Jahre 2008 beschloß die Veranstaltung.
Der Fachtag wurde als bezirkliche Veranstaltung angelegt. Die Teilnahme externer Interessenten war nicht vorgesehen, denn zunächst sollte der interne Austausch im Vordergrund stehen. Außerdem sollte die Veranstaltung Identifikation mit der Werkstatt und die Zugehörigkeit zum Träger, also die »corporate identity«, befördern.
Die schriftlichen Rückmeldungen, die Teilnehmerinnen – es waren etwa 100 Personen – zum Abschluß des Fachtages anonym abgaben, zeigten, daß die Resonanz der Mitarbeiterinnen auf das Angebot ausgesprochen positiv ausfiel.

Nicht nur das abwechslungsreiche und anregende Programm wurde gelobt, sondern die Qualität der fachlichen Auseinandersetzung ebenfalls.

Kritik gab es auch. Kolleginnen, die sehr aufmerksam zugehört hatten, bemängelten, daß zu wenig über die Probleme der Werkstatt berichtet wurde.

Fragebögen und Auswertung

Etwa zeitgleich mit den Projektkitas nahm die »Arbeitsgruppe Qualitätssicherung«, die sogenannte »Mess-AG« ihre Arbeit auf. Sie entwickelte Fragebögen für Eltern, um die Umsetzung pädagogischer Qualitätsstandards auch aus dieser Sicht evaluieren zu können. Weitere Aufgaben der Arbeitsgruppe waren die technische Vorbereitung der Befragung, ihr Ablauf, die Auswertung der Ergebnisse und die Rückmeldung an die jeweiligen Kindertagesstätten.
Von der Kitaberatung wurde die Mitarbeit in dieser Arbeitsgruppe für alle Interessierten ausgeschrieben, das heißt, alle Kitas wurden informiert. Mehrere interessierte Erzieherinnen und eine Kitaleiterin – insgesamt acht Personen – meldeten sich für die Arbeitsgruppe an und trafen sich aller 14 Tage. Eine Kitaberaterin begleitete und moderierte die Sitzungen, gab methodische Anregungen und half den Beteiligten, die Arbeit zu strukturieren und zu planen.

Arbeitsblatt

Elternfragebogen zur Eingewöhnung Ihres Kindes in die Kita

Diesen Bogen bitte ausgefüllt ohne Namen bis zum ....in den Kasten neben der Bürotür stecken

Alter des Kindes zum Zeitpunkt der Eingewöhnung:
.... Jahre ....Monate

1. Der erste Eindruck

1.1 Kitagebäude, Außengelände und Flure wirkten auf mich

- ansprechend und freundlich ❑
- durchschnittlich ❑
- düster und abweisend ❑

1.2 Von der Leitung wurde ich

- freundlich und verständnisvoll empfangen ❑
- distanziert empfangen ❑
- eher abweisend empfangen ❑

2. Verlauf der Eingewöhnung

2.1 Die Eingewöhnungsbroschüre wurde mir von der Leitung

- empfohlen und überreicht ❑
- sachlich überreicht ❑
- nicht überreicht ❑

Arbeitsblatt

2.2 Zu einem Informationsbesuch vor Beginn der Eingewöhnung wurde ich eingeladen (bitte mehrfach ankreuzen)

- von der Leitung ❑
- von der Erzieherin ❑
- mit meinem Kind ❑
- ohne mein Kind ❑
- freundlich ❑
- distanziert ❑
- überhaupt nicht ❑

2.3 Vor Beginn der Eingewöhnung fand ein Elternabend statt

- zu diesem Thema ❑
- fand nicht statt ❑
- weiß ich nicht ❑

2.4 Die Erzieherin hat mir die Wichtigkeit der Eingewöhnung für mein Kind erklärt

- freundlich und verständlich ❑
- distanziert und sachlich ❑
- überhaupt nicht ❑
- ....

2.5 Ich fand mit meinen Fragen,Sorgen und Ängsten

- offene Ohren ❑
- eher Desinteresse vor ❑
- ....

2.6 Zur Eingewöhnung meines Kindes war ich insgesamt

.... Tage in der Kita anwesend

Arbeitsblatt

2.7 Ich habe mich in dieser Zeit in der Kita

- willkommen gefühlt ❑
- einigermaßen wohl gefühlt ❑
- als Störfaktor gefühlt ❑

2.8 Nach meiner Rückkehr in die Kita wurde ich von der Erzieherin über den Verlauf der Zwischenzeit informiert

- täglich ❑
- manchmal ❑
- gar nicht ❑
- nur auf Nachfrage ❑

2.9 Ich habe während der Eingewöhnung bei meinem Kind Veränderungen festgestellt

- nein ❑
- ja, denn......................................
  ....

2.10 Am Ende der Eingewöhnung konnte ich mich von meinem Kind verabschieden

- gut ❑
- einigermaßen ❑
- nur schwer ❑

2.11 Am Ende der Eingewöhnung konnte sich mein Kind von mir verabschieden

- gut ❑
- einigermaßen ❑
- nur schwer ❑
- gar nicht ❑

Arbeitsblatt

2.12 Die Dauer der Eingewöhnung fand ich

- optimal ❑
- annehmbar ❑
- zu kurz ❑
- zu lang ❑

2.13 Ich habe für mein Kind in dieser Kita einen Platz ausgesucht (kann mehrfach angekreuzt werden)

- wegen der Nähe zu meiner Wohnung, meinem Arbeitsplatz ❑
- wegen des schönen Gebäudes oder Gartens ❑
- wegen des freundlichen Personals ❑
- wegen des guten Rufes der Kita ❑
- wegen des pädagogischen Konzeptes ❑
- wegen der guten Elternarbeit ❑
- weil dort ein Platz frei war ❑
- weil ....

Anmerkungen:

Die Auswertung der Fragebögen – erste Ergebnisse

Die in Anhang 2[18] dokumentierte Auswertung einer Elternbefragung, die die Eingewöhnungspraxis zu Beginn des Zielvereinbarungszeitraumes bewertet, zeigt in nahezu allen Bereichen positive Ergebnisse. Eine Kita fiel etwas heraus, was damit zusammenhing, daß keine kleinen Kinder eingewöhnt wurden. Das Alter der Kinder war im ersten Fragebogenentwurf nicht ausdrücklich abgefragt worden, so daß es zu unklaren Ergebnissen kam.

Über die Rückmeldungen freuten sich die Mitarbeiterinnen. Sie empfanden sie als Anerkennung für die von ihnen geleistete Arbeit im letzten Eingewöhnungszeitraum und fühlten sich motiviert, die gemeinsam erarbeiteten Zielvereinbarungen, die sich auf den nächsten Eingewöhnungszeitraum bezogen, ebenso engagiert umzusetzen. Wahrscheinlich ist die positive Rückmeldung der Eltern auch auf den erkennbaren Qualifizierungszuwachs zurückzuführen, der in allen fünf Projektkitas stattgefunden hatte.

Die in den Kitas anonym ausgefüllten Elternfragebögen wurden in der »Mess-AG« gesammelt und ausgewertet. In einer Präsentation, vorbereitet von der »Mess-AG«, wurden die Ergebnisse Mitarbeiterinnen und Leiterinnen aller fünf Kitas vorgestellt. Anschaulich gestaltete Folien und Flipchartbögen wiesen die Ergebnisse aus und boten eine gute Diskussionsgrundlage. Darüber hinaus erhielten die Mitarbeiterinnen der einzelnen Kitas die Auswertung in schriftlicher Form, um ihre Teams sowie die Eltern darüber informieren zu können. Die differenzierte Ergebnisauswertung fand in den Teams statt und bot den einen oder anderen Anhaltspunkt für Veränderungen in den Fragebögen. Solche Veränderungen wurden der »Mess-AG« mitgeteilt und von ihr bis zur ersten bezirksweiten Elternbefragung im Herbst 1998 in die Bögen eingearbeitet. Auch in der Steuerungsgruppe präsentierte die »Mess-AG« die Ergebnisse der Elternbefragung sowie – mit anonymisierten Daten – im Jugendhilfeausschuß des Bezirks Reinickendorf.

Künftig wird die »Mess-AG« Fragebögen zu weiteren Qualitätsstandards entwickeln. Mit dem Aufbau einer Datenbank ist inzwischen die Voraussetzung geschaffen, Elternbefragungen und deren Auswertung in größerem Umfang durchzuführen. Damit trägt die »Mess-AG« entscheidend zur systematischen Qualitätssicherung bei.

[18] Siehe S. 182f.

Die systematische Befragung von Erzieherinnen ist nicht geplant. Das liegt zum einen daran, daß die »Mess-AG« mit ihren Aufgaben ausgelastet ist. Zum anderen beinhalten die während der Werkstatt entwickelten Grundlagen für Zielvereinbarungen und die darin beschriebenen Maßnahmen die regelmäßige Überprüfung und Weiterentwicklung der pädagogischen Arbeit. Es findet also ständig eine Art »Selbst-Evaluation« statt, so daß eine zusätzliche Befragung zwar für den Bezirk interessant wäre, jedoch für die einzelnen Kitas und Erzieherinnen nicht nötig ist.
Die Arbeit der »Mess-AG« zeigt, daß es möglich ist, mit interessierten Laien ein qualifiziertes »Kunden« – Befragungssystem aufzubauen, das Eltern unmittelbar beteiligt, ihnen Einfluß einräumt und die Kitas in die Lage versetzt, ihr Betreuungs- und Dienstleistungsangebot besser auf die Anforderungen der Eltern abzustimmen. Fachliche Begleitung ist auch hier, wie insgesamt in der Werkstatt, unabdingbar. Wie sie aussieht, beschreibt das nächste Kapitel.

■ Begleitung durch Beraterinnen

Obwohl der Prozeß, in dem pädagogische Qualitätsstandards von Leiterinnen und Erzieherinnen sowie Eltern und Mitarbeiterinnen des zuständigen Fachamtes erarbeitet und und umgesetzt wurden, vom Zuschnitt auf das Thema und die konkreten Bedingungen her einmalig ist, lassen sich bestimmte Verfahren und Systematiken, nicht nur in der Beratung, durchaus auf andere Organisationen, Bedingungen und Themen übertragen.
Die Reinickendorfer Kitaberatung, eine Stabsstelle ohne Dienst- und Fachaufsicht, schuf mit der Werkstatt einen neuen Arbeitsbereich, und zwar den einer internen Personal- und Organisationsentwicklungsstelle. Als Beraterin auf einer Teilzeitstelle initiierte und begleitete ich den überwiegenden Teil der Werkstatt. Eine weitere Kollegin aus der Kita-Beratung ist seit 1998 dabei und betreibt die Werkstattbegleitung seit 1999 als Schwerpunkt ihrer Tätigkeit, ebenfalls auf einer Teilzeitstelle.

Organisationsentwicklung – wie geht man vor?

Die folgende Definition systemischer Organisationsentwicklung umreißt unser Herangehen:
Organisationsentwicklung sind alle geplanten Schritte und Maßnahmen, die darauf gerichtet sind, wesentliche Aspekte einer Organisation, nämlich Arbeitsinhalte und -abläufe, kommunikative Prozesse, Strukturen und die Organisationskultur unter maßgeblicher Beteiligung der Mitarbeiterinnen in Richtung auf gemeinsam mit den »Kunden« zu entwikkelnde Ziele hin zu optimieren.
Organisationsentwicklung verfolgt also zwei Hauptziele[19]:

---

[19] Vgl. Engelhard, Graf, Schwarz: »Organisationsentwicklung«, Sandmann, München 1996, S.64ff

1. Steigerung der Qualität der Dienstleistung
   Beispiele: Beschreibung und Aktualisierung des Angebots, Zielorientierung und Förderung der Lernfähigkeit der Organisation
2. Verbesserung der Arbeitssituation der Mitarbeiterinnen
   Beispiele: mehr Möglichkeiten der Mitwirkung an Veränderungen, mehr Handlungs- und Entscheidungsspielräume, mehr Transparenz und Orientierung, mehr Entfaltungs- und Entwicklungsmöglichkeiten

Erkenntnisse der humanistischen Psychologie, der Systemtheorie und der Sozialpsychologie beeinflussten die Theorie der Organisationsentwicklung, die Entwicklung als Lern- und Veränderungsprozess beschreibt. Grundannahmen dieser Theorie übertrugen wir auf den Kitabereich:

Träger von Kindertageseinrichtungen, aber auch die Kitas selbst sind soziotechnische Systeme, die sich in Auseinandersetzung mit den Anforderungen einer sich ständig verändernden Umwelt dynamisch entwickeln.
In jeder Organisation gibt es Probleme, die von den Mitgliedern der Organisation, insbesondere von den Führungskräften, gelöst werden müssen.
Die in der Organisation tätigen Menschen besitzen mehr Problemlösungspotential – Kenntnisse, Fähigkeiten, Kreativität und Leistungsbereitschaft – als genutzt wird, weil die herkömmlichen Umgehensweisen und Bedingungen dem entgegenstehen.
Die Mitglieder einer Organisation – nicht nur die Führungskräfte – sind bereit, sich für die Ziele der Organisation einzusetzen und Probleme zu lösen, wenn sie verantwortlich mitwirken und daraus individuellen Nutzen ziehen können.
Durch das Arrangieren anderer Bedingungen zur gemeinsamen Problemlösung und zielorientierten Zusammenarbeit der beteiligten Menschen wird ein Lern- und Veränderungsprozess innerhalb der Organisation eingeleitet, der zur persönlichen und fachlichen Entfaltung der Mitglieder ebenso beiträgt wie zur Entwicklung der Organisation.[20]

[20] Vgl. Becker, Langosch: »Produktivität und Menschlichkeit«, Organisationsentwicklung und ihre Anwendung in der Praxis, Enke, Stuttgard 1990, S. 22

Der beschriebenen Werkstatt liegen diese Grundüberlegungen zugrunde. Insofern integriert die Entwicklung pädagogischer Qualitätsstandards Personal- und Qualitätsentwicklung, deren Erfolg nicht in optimal veränderten einzelnen Bestandteilen besteht, sondern in der fachlichen Weiterentwicklung des gesamten Arbeitsbereichs.
Die Abfolge eines Organisationsentwicklungs-Prozesses ist durch die folgenden Schritte gekennzeichnet. Das wiederholte Durchlaufen einzelner sowie aller Abschnitte ermöglicht es, den gesamten Prozeß ständig zu verbessern.[21]

[21] Vgl. Becker, Langosch, a.a.O., S. 145

Arbeitsblatt

Systematik der Problemlösung	Verfahren aus dem Bereich
Diagnose - Wahrnehmen einer Problemlage - Problembeschreibung - Informationssammlung - Interpretation der Ergebnisse	- Situationsanalyse - Problemanalyse - Anwendung von Erhebungsmethoden - wissenschaftliche Erklärungen, Modelle
Planung - Zielbeschreibungen - Entwicklung von Lösungsansätzen - Festlegung der Lösungen - Planung des Ablaufes - Ermittlung potentieller Probleme	- Curriculum: Zieldefinitionen - kreative Techniken, Suchmethoden - Entscheidungsanalyse, Bewertungen - Planungsmethoden - Analyse potentieller Probleme
Aktion - Experimentelle Projekte - Veränderung der Organisationsstruktur - Einführung neuer Führungssysteme - Veränderung von Einstellungen und Verhaltensweisen	- Projektmanagement - Realisierungsplanung - Projektüberwachung - Organisationsgestaltung - Verhaltenstraining
Auswertung - Rückmeldungen während/nach Prozeß - Interpretation (Soll-Ist-Vergleich)	- Evaluationsverfahren mit entsprechenden Datenerhebungen und Datenauswertungen

Dieses Ablaufschema wird auf den konkreten Verlauf der beschriebenen Werkstatt angewandt und erläutert. Doch zuvor sollen einige fachliche Voraussetzungen definiert werden, die notwendig sind, um ein solch umfangreiches Projekt erfolgreich durchzuführen.

Fachliche Voraussetzungen

Um solch ein Vorhaben gedanklich entwickeln und zum Erfolg führen zu können, müssen Beraterinnen über Kompetenzen verfügen, die im folgenden skizziert werden:

> Die Fähigkeit, Probleme und Entwicklungsbedarf wahrzunehmen, sie zu beschreiben und zukunftsgerichtet zu interpretieren;
> die Kompetenz, strategisch zu denken, komplexe Zusammenhänge zu erfassen, Systeme und ihre Regeln zu erkennen und Wissen – beispielsweise über Organsationsentwicklung, Qualitäts- und Personalmanagement – sinnvoll in der Werkstattplanung zu verankern;
> ein Menschenbild, das davon geleitet ist, daß in jedem Menschen ein Entwicklungspotential vorhanden ist und die Ganzheitlichkeit von Körper, Seele und Geist oder Fühlen, Denken und Handeln unterstellt;
> die Fähigkeit, Menschen persönlich, inhaltlich und methodisch anzusprechen, zu erreichen, zu motivieren und geduldig zu begleiten. Sprich: Moderationskompetenz;
> die Kompetenz, Menschen zu aktivieren, ihre Fähigkeiten zu erkennen und zu nutzen, ihre eigenen Kompetenzen auszubauen; Also: Hilfe zur Selbsthilfe oder zum Selber-Tun;
> die Bereitschaft, selbst Lernende in einem gemeinsamen Lernprozeß zu sein, keine unnötigen Vorgaben zu machen, sondern flexibel und offen mit Situationen umzugehen;
> die Fähigkeit zum Prozeßdenken, das den Prozeß vieler Menschen umfaßt, in dem jeder Schritt gemeinsam gegangen, bewertet und nach Möglichkeit optimiert wird.

Über diese Kompetenzen sollte eine Beraterin, die ein solches Qualitätsentwicklungsprojekt begleitet, im wesentlichen verfügen. Umsetzungskompetenz insgesamt wächst erfahrungsgemäß im Verlaufe der Tätigkeit – eine überaus facettenreiche Chance für einen Lernprozeß als Beraterin. Auch im Team entstand ein Kompetenzzuwachs, der nicht zuletzt dazu führte, daß eine zweite Beraterin die Werkstatt begleitete.

Handeln im Qualitäts- und Personalentwicklungsprozess

Im folgenden werden – bezogen auf die verschiedenen Phasen der Werkstatt – Beraterinneninterventionen beschrieben, die den Werkstattverlauf positiv beeinflußten:

Die Diagnosephase

Die Diagnosephase fand, soweit man überhaupt von ihr sprechen kann, im Team der Reinickendorfer Kitaberatung statt. Vor Beginn der Werkstatt bestanden verschiedene Problemfelder im Kitabereich, auf die die Kitaberatung reagieren wollte. Insbesondere das Problem »Beliebigkeit«, mit dem sich die Beraterinnen intensiv befaßten, wirkte sowohl auf die unmittelbare pädagogische Arbeit wie auch auf Kooperation, Motivation und Führungsverhalten. Es zeigte sich an mangelnder Zielorientierung und innovationsscheuem Klima, Erscheinungen, die nicht nur in Kitas anzutreffen sind, sondern das System charakterisieren, das sie umgibt, den gesamten Kindertagesstättenbereich also – als Teil einer öffentlichen Verwaltung. Immer wieder verliefen Reformbemühungen früher oder später im Sande, da sich die Kultur öffentlicher Verwaltung nicht eben durch Beweglichkeit auszeichnet, was sowohl auf die Beschäftigten in diesem Bereich als auch auf Anforderungsgruppen wie Kunden oder Bürger ermüdend wirkt.
Das Thema »Qualitätsstandards«, aus dem während des Prozesses das Thema »Qualitäts- und Personalentwicklung« hervorging, systematisch und in größerem Rahmen anzugehen, das war also zunächst eine Überlegung der Beraterinnen, die als »Interne« die Probleme des Bereiches gut kennen. Mit den Verfahrensweisen der Organisationsentwicklung kaum vertraut, dachten die Beraterinnen anfangs noch nicht an eine systematische Eingangsbefragung der Betroffenen – Eltern, Erzieherinnen, Leiterinnen und Fachamt. Die Beteiligung möglichst vieler Beschäftigten, hierarchieunabhängig, und die frühe Einbeziehung von Eltern stand jedoch von Beginn an im Vordergrund der Planungen.

Die Planungsphase

Ausgangspunkt waren das Thema »Qualitätsstandards für die Pädagogik« und die Überlegung, diese für und mit den betroffenen Menschen zu erarbeiten. Der erste Planungsentwurf, den die Beraterin vorlegte, beinhaltete:

eine Problembestimmung,
die Beschreibung eines Zieles: Erarbeitung von Qualitätsstandards zu Schlüsselthemen der Kitapädagogik,
die konkrete Planung erster Arbeitsschritte zur Erarbeitung des pädagogischen Qualitätstandards »Eingewöhnung«.

Dieser Planungsentwurf wurde sowohl mit dem Fachamt als zuständiger Fachaufsichtsstelle der Kindertagesstätten als auch mit dem Stadtrat abgestimmt. Beide Seiten gaben »grünes Licht«. Weiteres Engagement dieser Stellen wurde nicht vereinbart. An der Erarbeitung der Qualitätsstandards sollten sich Mitarbeiterinnen des Fachamtes beteiligen. Die Gesamtverantwortung für die weitere Planung und Umsetzung lag jedoch bei der Kitaberatung.

Die Umsetzungsphase

Zu den Aufgabe von Unternehmensberatungen gehört nicht nur die Entwicklung des Konzepts für einen Veränderungsprozess, sondern auch seine Überführung in die Praxis. Die Gefahr, daß ein starkes Konzept mangelhaft umgesetzt wird, besteht durchaus, auch im Kitabereich.
Da ich parallel zu meiner Arbeit als Beraterin der Werkstatt an einer Ausbildung zur Organisationsberaterin teilnahm, bestand die Möglichkeit, die Werkstatt laufend fachlich supervisieren zu lassen. Dadurch begriff ich die Bedeutung der Umsetzung in der Praxis für das gesamte Vorhaben beizeiten und konnte entsprechende Schwerpunkte setzen.
Die praktische Umsetzung steht im Zentrum jeglicher Veränderung. Sie ist die eigentliche Arbeit, die mühevolle und spannende, frustrierende und erregende, interessante und motivierende, Geduld und Zuversicht erfordernde »Kür«, die eigentliche Herausforderung für Beraterinnen. Erst wenn sie gelingt, kann von einer Veränderung gesprochen werden.
Der Begriff »Umsetzung« beinhaltet an dieser Stelle neben der Überführung der pädagogischen Qualitätsstandards in die Praxis auch den Prozess ihrer Erarbeitung. Einige Handlungsprinzipien kennzeichnen die

Beratertätigkeit in dieser Phase, die zeitlich den größten Raum beansprucht:

Beratungshandeln in der Umsetzungsphase

Beteiligung möglichst vieler Menschen;
Beteiligung aller Hierarchiestufen;
Einbeziehung von »Kunden«;
Einrichtung einer Steuerungsgruppe;
Aufbau eines Informationssystems, das alle Betroffenen erreicht und laufend aktualisiert wird;
beispielhafte Umsetzung in einem überschaubaren Bereich;
Herstellen von Verbindlichkeit bei den Zielvereinbarungen;
Ausweitung der Werkstatt auf freiwilliger Basis;
Kreativität, Erfahrungen und Leistungsbereitschaft der Erzieherinnen nutzen und entwickeln, Eigenkompetenz der Leiterinnen stärken;
Identifikation der Beteiligten mit dem fördern, was im eigenen Arbeitsbereich entstand, das Gefühl stärken, selbst wichtiger Teil eines Ganzen zu sein;
Qualitätsregelkreis einrichten – Fragebögen erarbeiten, Selbstevaluation ermöglichen und Fremdevaluation institutionalisieren;
Werkstatt beenden und die Umsetzung abschließen, wenn der Bereich sich die Veränderungen zueigen gemacht hat.

Die Auswertungsphase

Diese Phase bestimmt nicht nur das Ende eines Prozesses – tatsächlich müssen bestimmte Auswertungselemente schon zu einem relativ frühen Zeitraum eingeführt werden. Dazu gehören beispielsweise die Zielvereinbarungen, die jährlich überprüft, fortgeschrieben oder überarbeitet werden.
Der Qualitäts- und Personalentwicklungsprozess ist kein einmaliger, abgeschlossener Vorgang mit einem definierten, vorher festgelegten Ablauf. Er ist im Sinne eines sich immer wiederholenden Qualitätsregelkreises zu verstehen, zu dem die Situationsanalyse gehört, die sich selbstverständlich permanent fortschreiben läßt, die Planungsphase, die sich den sich verändernden Bedingungen anpassen muß und die Durchführungsphase, in der die Art und Weise der Umsetzung immer wieder überprüft werden muß.

Klippen der Beratung

Neben der Gefahr, die Umsetzungsphase zu oberflächlich und kurzatmig anzugehen, findet sich eine weitere Klippe in der mangelnden Berücksichtigung von Widerständen der Menschen, die der Prozeß betrifft, oder der gesamten Organisation. Zwar spürten Erzieherinnen und Kitaleiterinnen den Veränderungsimpuls auch, gebündelt und formuliert wurde er jedoch von der Kitaberatung. Hier entstand die Idee, die Qualitätsdebatte konkret und bis hin zu Umsetzungsschritten in Form von pädagogischen Qualitätsstandards zu führen. Warum die Kitaberatung dieses Thema aufgriff, warum Qualitätsstandards für die pädagogische Arbeit entwickelt werden sollten und wie das ablaufen könnte, diese Informationen mußten wieder ins System zurückfließen und Auseinandersetzungen ermöglichen.
Kommen auf Menschen Veränderungen zu, deren Konsequenzen möglicherweise noch gar nicht bis ins letzte erkennbar sind, führt das zu Verunsicherungen, Ängsten und Abwehrreaktionen. Durch intensive Aufklärung und Akzeptanz der Widerstände konnte diese Klippe umschifft werden. Kleine Kollisionen blieben allerdings nicht aus. Deshalb werden Leiterinnen auch heute noch besonders darin geschult, ihre Mitarbeiterinnen mit ins Boot zu holen und mit Widerständen angemessen umzugehen.
Teile des Systems – Verwaltungen wie das Fachamt, das Jugendamt oder das Bezirksamt – tun sich noch schwer damit, ihrerseits Verbindlichkeit in den Prozess hineinzutragen. In Gesprächen mit Mitarbeiterinnen des Fachamtes wurde immer wieder darauf hingewiesen, daß die Qualitätsstandards für alle kommunalen Kitas des Bezirks verbindlich werden sollen, und zwar bald. Darüber hinaus drangen Mitarbeiterinnen der Projektkitas darauf, Zielvereinbarungen auch auf der Ebene der Zusammenarbeit zwischen Kitas und Fachamt zu erarbeiten.
Während des Fachtages zum Thema »Qualitätsentwicklung in Kitas« reagierte das Fachamt mit einer klaren Stellungnahme. Durch verbindlich mit allen und in allen Kitas abzuschließende Zielvereinbarungen soll die pädagogische Arbeit nun eine Zielorientierung erhalten. Mit einer von der Amtsleitung veröffentlichten zeitlichen Umsetzungsleiste für alle bezirklichen Kitas wird sie ab 1999 gesichert.

Dennoch bleiben Fragen offen:

Wird es Zielvereinbarungen geben, die von der einzelnen Erzieherin über ihre Leitung, das Fachamt, den Jugendamtsleiter bis hin zur Be-

zirksamtsleitung gehen, um damit sowohl den pädagogischen Bezirksstandard als auch die Arbeitsbedingungen, die dazu erforderlich sind, zu sichern?
Wird es möglich sein, daß Kinder zeitlich gestaffelt aufgenommen werden, ohne daß es zu Personalabzügen kommt, weil am Stichtag die Kitaplätze nicht besetzt sind?
Werden die Kitas an zwei oder drei Tagen im Jahr schließen können, um neue Qualitätsstandards einzuführen und zu überprüfen?
Wird es im Fachamt künftig einen anerkannten Arbeitsschwerpunkt »Kitaentwicklung« geben?

Grenzen der Beratung

Viel Energie war nötig, um die Reinickendorfer Erzieherinnen für Qualitätsentwicklung zu begeistern und sie in die Arbeit einzubeziehen. Ihre Motivation zu erhalten und zu pflegen, das ist eine Führungsaufgabe. Dabei dürfen die Kitaleiterinnen, die viel geleistet haben und weiterhin leisten werden, nicht alleingelassen werden. Sie brauchen ihrerseits die gleiche Unterstützung, die sie täglich ihren Mitarbeiterinnen zukommen lassen. Der Abbau teilweise unsinniger Verwaltungsaufgaben könnte sie entlasten – wenn dies gewollt wird. Voraussetzung: Die Verwaltungsreform muß auch die Verwaltung wirklich ergreifen.
Vielleicht liegen an dieser Stelle die Grenzen der Kitaberatung, die hierarchieunabhängig apellieren kann, aber letztlich keine Verantwortung trägt. Vielleicht hätten wir die Verwaltung schon zu Beginn der Werkstatt intensiver und präziser einbeziehen müssen. Vielleicht...
Doch aus unseren Erfahrungen werden wir lernen und es beim nächsten Mal besser machen.

Ausblick

Zum Schluß ein kurzer Ausblick in die Zukunft:
Wie wird es in fünf Jahren in Reinickendorf aussehen?
Sind die Qualitätsstandards »Eingewöhnung«, »Essenssituationen«, »Schlaf- oder Ruhesituationen« und »Sauberkeitserziehung« in allen bezirklichen Kitas eingeführt?
Führen Kitaleiterinnen mit ihren Erzieherinnen regelmäßig Mitarbeiterinnengespräche?
Schließen sie Zielvereinbarungen ab?
Läßt sich pädagogische Qualität in den Einrichtungen, für Eltern und für die Öffentlichkeit erkennbarer dokumentieren?
Gibt es nur noch anregende, gut moderierte Dienstbesprechungen?
Geht man Probleme gemeinsam an?
Sucht man hierarchieübergreifend nach Lösungen?
Haben die Erzieherinnen Spaß an ihrer Arbeit?
Erkennen sie ihre Erfolge?
Entwickeln sie sich und ihre Arbeit weiter?
Würdigen und unterstützen Politiker, die Verwaltung und Eltern das Engagement der Pädagoginnen?
Diese Fragen zeigen die Richtung an, in die sich die Werkstatt, da bin ich zuversichtlich, entwickeln wird. Doch sie bleiben zunächst unbeantwortet.
Vielleicht regt das Werkstatt-Handbuch Träger, Leiterinnen und ihre Teams oder Beraterinnen an, sich mit Qualitätsentwicklung in Kitas zu beschäftigen. Es lohnt sich, denn unabhängig von den Rahmenbedingungen für Kinderbetreuung heute und morgen wird dabei deutlich, wieviel Kompetenz in den Einrichtungen vorhanden ist und weiterentwickelt werden kann, um Kindern die im neuen Jahrtausend notwendige Begleitung, Anregung, Betreuung und Förderung zukommen zu lassen. Dazu werden motivierte, mit Veränderungen flexibel umgehende Mitarbeiterinnen gebraucht, die sich professionell vertreten können.
Vielleicht sind das eines Tages nicht mehr nur einzelne Kolleginnen.

Vielleicht entsteht eine Bewegung, die mit der Qualitätsentwicklung begann.
Der Beitrag von Marlies Schumann, Leiterin der Kita »Villa Flitzesternchen«, auf dem Reinickendorfer Fachtag zur Qualitätsentwicklung gehalten, soll das Werkstatt-Handbuch beschließen. Er umreißt das Spannungsfeld, in dem die Qualitätsdebatte heute geführt wird: Auf der einen Seite Einsparungen, die jede Innovation ersticken, auf der anderen Seite Entwicklungen, die den gesamten Arbeitsbereich, den Erzieherinnenberuf überhaupt aufwerten – es ist alles möglich, und wir dürfen gespannt sein, was tatsächlich passiert.

Marlies Schumann: 1. Juli 2008

Die in Reinickendorf mit Eltern, Fachkräften, Fachberatung und Träger entwickelten pädagogischen Qualitätsstandards sind Bestandteil der jährlich abzuschließenden Zielvereinbarung zwischen Mitarbeiterinnen und Leitung sowie zwischen Leitung und dem Leiter der Organisationseinheit »Tagesbetreuung für Kinder« des Jugendamtes geworden.
Auf der Basis einer jährlichen Elternbefragung, einer Situationsanalyse und der eigenen Zielüberprüfung haben die Mitarbeiterinnen gemeinsam mit Elterngremien und der Leitung das aktuelle Leistungsangebot beschrieben und die dafür erforderlichen Mittel angefordert, die inzwischen nicht mehr nach dem Gießkannen-Prinzip verteilt werden.
Selbstverständlich besteht die Möglichkeit, Sach- in Personalmittel und Personalmittel in Sachmittel umzuwandeln, da es einen Gesamthaushalt für jede Kita gibt. Längst haben Kitas die Möglichkeit, zusätzliche Mittel zu erwirtschaften, indem sie ihr Dienstleistungsangebot erweitern.
Natürlich besteht Transparenz, was die Abläufe und das Leistungsangebot der Kitas anbelangt, externe wie interne Informationen gelangen ungehindert an ihre Adressaten. Die Zusammenarbeit zwischen Mitarbeiterinnen und Eltern, zwischen Kitaleiterin und Team hat eine Verbindlichkeit erreicht, von der man früher nur träumte, und die Qualitätsdebatte wird nicht hinter verschlossenen Türen, sondern öffentlich geführt. Vor lauter Interessierten können sich die Kitas kaum retten.
Um dieser Flut Herr zu werden, führen Pädagoginnen den Dialog über Qualitätsstandards in jeder Einrichtung, in jeder Region und im gesamten Bezirk in unterschiedlichen Arbeitsgruppen. In all diesen Gesprächen herrscht Offenheit, Stärken und Schwächen werden ehrlich, konstruktiv und sachlich benannt. Alle haben die Gewißheit, daß die Auseinandersetzungen um die Qualität der Arbeit nicht mißbraucht werden,

um finanzielle Kürzungen zu legitimieren. Klar ist: Es geht darum, die Arbeit zu verbessern und Geleistetes zu würdigen. Konkurrenzverhalten gehört längst der Vergangenheit an.
Leiterinnen und Vorgesetzte haben erkannt, daß es sich lohnen muß, gute Arbeit zu leisten. Materielle wie immaterielle Leistungsanreize werden im jährlichen Mitarbeiter-Vorgesetzten-Gespräch individuell ausgehandelt. Diese Gesprächsform wurde mittlerweile zu einem wichtigen Bestandteil der Personalentwicklung, und die Leitungen sorgen dafür, Mitarbeiterinnen Fortbildungen zu ermöglichen, die sich an den Erfordernissen der Einrichtungen und den Fähigkeiten der Erzieherinnen orientieren. Jährlich stellen sie Fortbildungspläne auf, damit sie die Übersicht behalten.
Die Ausbildung von Erzieherinnen findet in enger Verzahnung von Praxis und Schule statt. Der Berufs-Nachwuchs wird in die Diskussion über Qualität einbezogen und ist in seinem Engagement kaum zu bremsen.
Diese traumhafte Entwicklung wurde in Gang gesetzt, weil wir in der Praxis zielorientierter arbeiteten und die Ziele regelmäßig überprüften;
methodisch kompetenter wurden;
effektive Ergebnisse im Blick hatten und aus Erfolgen lernten, anstatt in Misserfolgen und selbstgebastelten Schwierigkeiten steckenzubleiben;
von den zuständigen Fachabteilungen und politischen Gremien unterstützt und anerkannt wurden.
Rrrrrring!!!
Verdammt, der Wecker. Ich muß aufstehen. Welcher Tag ist heute?
Ach so, der 1. Juli 1998.

Die Autorin

Ulrike Ziesche wurde 1957 geboren und studierte in Bielefeld zunächst Sozialarbeit. Nach ersten Erfahrungen in der Bildungsarbeit auf dem Jugendhof Vlotho absolvierte sie in Berlin das Studium der Erziehungswissenschaften in der Fachrichtung Erwachsenenbildung. Sie leitete mehrere Jahre eine Kindertagesstätte beim Berliner Pestalozzi-Fröbel-Haus, übernahm für zwei Jahre die Fachaufsicht über alle Kindertagesstätten und arbeitete seit 1990 halbtags als Kindertagesstättenberaterin beim Berliner Bezirksamt Reinickendorf.
Zusatzausbildungen in Rollenspielpädagogik und Organisationsberatung erweiterten ihr methodisches Repertoire als Beraterin. In den letzten Jahren entwickelte sie mit und für verschiedene Träger Vorgehensweisen zur »integrierten Qualitätsentwicklung« und begleitet deren Umsetzung als Prozessberaterin.
Seit 1999 lebt Ulrike Ziesche in Hamburg und ist freiberuflich tätig als Beraterin mit den Schwerpunkten Organisationsberatung und Qualitätsentwicklung in Non-Profit-Organisationen.

Anhang I

Qualle *QUAL* – ITÄT FÜR AL – *LE*

das Reinickendorfer KITA-INFOBLATT
zu den pädagogischen Qualitätsstandards
Ausgabe 1 **März 1997**

Was ist die »Qualle«?

- Ein regelmäßig erscheinendes Informationsblatt (1-2mal monatlich) für alle Reinickendorfer Kitamitarbeiter/-innen und für interessierte Eltern.

- Sie beschäftigt sich mit Themen aus dem Bereich der »pädagogischen Qualitätsstandards«, die in Reinickendorf erstmalig erstellt werden.

- Alle behandelten Themen, die zukünftig in der »Qualle« erscheinen, bauen aufeinander auf.

- Die »Qualle« greift Fragen und Themen auf, die Euch/Sie in diesem Zusammenhang beschäftigen.

Wer macht die »Qualle«?

- Eine Arbeitsgruppe, bestehend aus Eltern, Erzieherinnen, Leitungen, dem Fachamt und der Kitaberatung (Steuerungsgruppe)

Was ist die Werkstatt »Qualitätsentwicklung in Kindertagesstätten«?

■ Es ist der Versuch, pädagogisches Handeln definierbar, beschreibbar und meßbar zu machen.

Wer arbeitet in der Werkstatt mit?

■ Bisher sind schon etwa 100 Personen an der Werkstatt direkt beteiligt. Es sind überwiegend Erzieherinnen, mehrere Kitaleitungen, einige interessierte Eltern und zwei Vertreter des Fachamtes.
Die gesamte Werkstatt wird von einer Steuerungsgruppe geplant und gesteuert und von der Kitaberatung begleitet.

Hinweis: Am 6. Mai von 9.00–10.30 Uhr und von 14.30–16.00 Uhr findet in den Räumen der Kitaberatung ein Jour-Fixe statt, zu dem alle interessierten pädagogischen Mitarbeiter/-innen der Kitas herzlich eingeladen sind. Es besteht hier die Möglichkeit, über alle bis dahin in der »Qualle« erschienen Themen zu diskutieren bzw. sich noch genauer zu informieren. Also – bitte Termin vormerken!

In der nächsten Ausgabe : Was ist bisher geschehen?

Qualle *QUAL* – ITÄT FÜR AL – *LE*

das Reinickendorfer KITA-INFOBLATT
zu den pädagogischen Qualitätsstandards
Ausgabe 2 **März 1997**

Was ist zu den »pädagogischen Qualitätsstandards« bisher geschehen ?

■ Es sind in Arbeitsgruppen bisher drei »pädagogische Qualitätsstandards« erarbeitet worden:

- zur Eingewöhnung von Kindern in die Krippe/Kindergarten
- zu der pädagogischen Gestaltung von Essenssituationen
- zu der pädagogischen Gestaltung von Schlaf/Ruhesituationen

■ Fast alle Kitaleitungen wurden in eintägigen Veranstaltungen über die Werkstatt informiert und erhielten erste Informationen zum Qualitätsstandard »Eingewöhnung«.

■ Es ist eine Eingewöhnungsbroschüre für Eltern erstellt worden, die demnächst in allen Reinickendorfer Kitas vorliegen wird.

■ Fünf Reinickendorfer Kitas sind sogenannte »Projektkitas« geworden, in denen die Mitarbeiter/-innen als erste die Gelegenheit haben, sich intensiver mit den Inhalten der erarbeiteten »pädagogischen Qualitätsstandards« auseinanderzusetzen. In diesen Kitas werden ab diesem Sommer die ersten Vereinbarungen darüber getroffen, in welcher Qualität z.B. die Eingewöhnung im kommenden Kitajahr umgesetzt werden soll. Die Auswahl der Kitas orientierte sich an den Kriterien:

- zwischen 100 und 130 Plätze
- sozial gemischter Einzugsbereich
- alle Altersstufen vorhanden
- kontinuierliche Leitungssituation
- keine »Filial«-Kita
- keine Integrationskita (günstigere personelle Ausstattung)
- Interesse der Mitarbeiter/-innen, mitzumachen

Es sind die Kitas ....

■ Es gibt zur Zeit 2 Arbeitsgruppen, die weitere »pädagogische Qualitätsstandards« erarbeiten:

- zum Freispiel
- zur Sauberkeitserziehung
- zur Sexualpädagogik

In der nächsten Ausgabe: Was sonst noch geschehen ist!

Qualle QUAL – ITÄT FÜR AL – LE

das Reinickendorfer KITA-INFOBLATT
zu den pädagogischen Qualitätsstandards
Ausgabe 3 **April 1997**

Was ist zu den »pädagogischen Qualitätsstandards« bisher geschehen ?

Dieses ist eine Fortsetzung der Antworten aus der zweiten Ausgabe der »Qualle«.

- Eine Arbeitsgruppe, in der Erzieherinnen und Leitungen aus Kitas mitarbeiten, beschäftigt sich mit der Frage »Wie kann pädagogische Qualität erfaßt/gemessen werden?« Diese Gruppe hat ihre Arbeit erst kürzlich aufgenommen.

- Der BEA (Bezirkselternausschuß) hat sich bei einer seiner letzten Sitzungen über die Werkstatt »Pädagogische Qualitätsstandards« informiert. Es bestand ein großes Interesse des BEA an den Inhalten der erarbeiteten Qualitätsstandards, aber auch daran, wie die Umsetzung gedacht ist. Die engagierten Eltern des BEA, die in diesem Gremium die Interessen aller Bezirkskitaeltern vertreten, konnten verstehen, daß die Qualitätsstandards zunächst in den Kitas besprochen werden müssen, um anschließend in die jeweiligen Gruppen- und Kitakonzeptionen aufgenommen zu werden.

  Die erarbeiteten Skalen (dazu mehr in einer der nächsten Ausgaben) sind jedoch ausschließlich für die Erzieherinnen und Leitungen gedacht, nicht für die Eltern. An den konzeptionellen Überlegungen der Qualitätsstandards werden sicherlich, wie gesetzlich vorgesehen, Eltern beteiligt.

- Ein regelmäßiger Informationsaustausch mit dem Fachamt ist gewährleistet, da Frau P. und Herr K. unmittelbar beteiligt sind. Die zukünftigen Planungen konnten mit dem Amtsleiter und den anderen Mitarbeitern/-innen abgestimmt werden. Das Fachamt hat zu den inhaltlichen Ausarbeitungen der bisherigen »pädagogischen Qualitätsstandards« sein fachliches O.K. gegeben und zugestimmt, daß in diesem Sommer die ersten Zielvereinbarungen geschlossen werden.

(Mehr zu Zielvereinbarungen in einer der zukünftigen »Quallen«.)

- Bei so vielen Aktivitäten ist es notwendig, daß alles vernünftig abgestimmt und geplant wird. Dafür gibt es die Steuerungsgruppe, die auch für die »Qualle« verantwortlich ist, um Euch/Sie regelmäßig über das, was läuft, zu informieren.

- Bei allem ist nicht zu vergessen, daß Stadtrat und Jugendhilfeausschuß die Werkstatt begrüßen und an den weiteren Entwicklungen sehr interessiert sind.

Hinweis: Am 6. Mai von 9.00–10.30 Uhr und von 14.30–16.00 Uhr findet in den Räumen der Kitaberatung ein Jour-Fixe statt, zu dem alle interessierten pädagogischen Mitarbeiter/-innen der Kitas herzlich eingeladen sind. Es besteht hier die Möglichkeit, über alle bis dahin in der »Qualle« erschienenen Themen zu diskutieren bzw. sich noch genauer zu informieren. Also – bitte Termin vormerken!

In der nächsten Ausgabe: Was weiter geplant ist!

Qualle QUAL – ITÄT FÜR AL – LE

das Reinickendorfer KITA-INFOBLATT
zu den pädagogischen Qualitätsstandards
Ausgabe 4 **April 1997**

Was ist zur Qualitätsentwicklung weiter geplant?

- Mit den Leitungen der fünf Projektkitas (siehe »Qualle«, 2. Ausgabe) wird ein Umsetzungskonzept in Form eines Leitfadens entwickelt. Dieser soll den Kitaleitungen ermöglichen, die einzelnen Qualitätsstandardthemen mit den Mitarbeitern/-innen grundlegend zu bearbeiten.

  Das Ziel ist, daß sich die Erzieherinnen mit den Inhalten der Qualitätsstandards fachlich auseinandersetzen, zu einer realistischen Einschätzung ihrer Tätigkeit kommen und ihre Ziele für das nächste Gruppenjahr bestimmen. Dazu bilden die fertiggestellten pädagogischen Qualitätsstandards die Grundlage.

- Zum Frühjahr 1998 soll die Werkstatt ausgeweitet werden auf alle Reinickendorfer Kitas, die Interesse haben, in die Arbeit mit den pädagogischen Qualitätsstandards einzusteigen.

- Anschließend entscheidet das Fachamt, ab wann die pädagogischen Qualitätsstandards für **alle** Reinickendorfer Kitas verbindlich werden sollen.

- In den nächsten Monaten werden die Erzieherinnen und Leitungen ca. jeden 2. Monat zu einem **Jour Fixe** eingeladen. Der erste Termin wird, wie bereits angekündigt,
  am 6. Mai 1997 von 9.00 Uhr –10.30 und von 14.30 –16.00 Uhr
  in den Räumen der Kitaberatung stattfinden. Es gibt den Vor- und Nachmittagstermin, damit möglichst viele von Euch/Ihnen kommen können. Die Jour Fixe bieten die Möglichkeit, über alle bis dahin in der »Qualle« erschienenen Themen zu diskutieren bzw. sich noch genauer zu informieren.

- Die Kitaleitungen werden voraussichtlich ab diesem Sommer in ihren Regionalgruppen über das Umsetzungskonzept der Projektkitas (siehe 3. »Qualle«) informiert.

- In diesem Herbst werden voraussichtlich die vorläufig letzten beiden Qualitätsstandards erarbeitet. Dazu werden wieder Einladungen an alle Kitas gehen. Auch hoffen wir, daß sich neben Erziehern/-innen und Leitungen wieder Eltern für eine Mitarbeit entscheiden werden.

In der nächsten Ausgabe: Wie sind die Themen für die pädagogischen Qualitätsstandards entstanden?
Was ist unter Qualität zu verstehen?
Läßt sich Qualität messen?

Qualle *QUAL* – ITÄT FÜR AL – *LE*

das Reinickendorfer KITA-INFOBLATT
zu den pädagogischen Qualitätsstandards
Ausgabe 5 **Mai 1997**

Wie sind die Themen für die pädagogischen Qualitätsstandards entstanden?

■ Das erste Thema (Eingewöhnung) wurde von der Kitaberatung als Einstiegsthema vorgegeben. Die weiteren Themen (Essenssituationen, Schlaf-/Ruhesituationen, Freispiel, Sauberkeitserziehung und Sexualpädagogik) entstanden in den Arbeitsgemeinschaften per Mehrheitsentscheid.

Was ist unter Qualität zu verstehen?

■ Im Duden kann man zum Begriff Qualität folgende Begriffe finden :
Wert – Güte – Eigenschaft – Beschaffenheit

■ Qualität im pädagogischen Bereich oder bezogen auf Kindertagesstätten kann vielleicht so beschrieben werden: Qualität kennzeichnet die Erfüllung von Anforderungen an die Erziehung, Bildung und Betreuung von Kindern in Kindertagesstätten. Um diese Anforderungen erfüllen zu können, benötigt man u.a.

- eine gute Organisation,
- die Zusammenarbeit der Fachkräfte,
- die Zusammenarbeit mit Eltern,
- das fundierte Fachwissen der Erzieherinnen und
- eine professionelle Umsetzung der Kenntnisse in die Arbeit mit den Kindern.

Läßt sich Qualität messen?

■ Durch Standards, die geeignet sind, Merkmale zu erfassen und zu beschreiben. Das ist im pädagogischen Bereich, wie sich jeder denken kann, nicht ganz einfach. An einem Beispiel aus dem Qualitätsstandard »Essenssituationen« soll deutlich werden, wie man Merkmale beschreiben kann und damit eine Meßvoraussetzung schafft. Es geht hier um das Merkmal »füttern«:

Im höchsten Standardwert 7 steht: Kleinkinder werden von einer ihnen vertrauten Erzieherin gefüttert. Die Erzieherin widmet dabei dem Kind ihre volle Aufmerksamkeit. Das Kind sitzt in einer ihm angenehmen Position, in der es sich mit beiden Händen aktiv beteiligen kann. Es besteht Blickkontakt zur Erzieherin, so daß diese Äußerungen des Kindes wahrnehmen und darauf eingehen kann.

Bei Standardwert 5 steht: Kleinkinder werden von einer ihnen vertrauten Erzieherin gefüttert. Das Kind sitzt in einer ihm angenehmen Position, in der es sich mit seinen Händen aktiv beteiligen kann. Es besteht Blickkontakt zur Erzieherin, so daß diese Äußerungen des Kindes wahrnehmen und darauf eingehen kann.

Bei Standardwert 3 steht: Die Erzieherin sitzt mit der Kindergruppe am Tisch und füttert dabei maximal 2 Kinder. Die Kinder sitzen in einer ihnen angenehmen Position, in der sie sich mit ihren Händen aktiv beteiligen können.

Bei Standardwert 1 steht: Es werden mehrere Kinder von der Erzieherin gleichzeitig gefüttert. Die Kinder sitzen in einer ihnen angenehmen Position, in der sie sich mit den Händen beteiligen können.

In der nächsten Ausgabe: Was ist ein Standard?
Warum gibt es eine Skala?

Qualle *QUAL* – ITÄT FÜR AL – *LE*

das Reinickendorfer KITA-INFOBLATT
zu den pädagogischen Qualitätsstandards
Ausgabe 6 **Mai 1997**

Was ist unter Standard zu verstehen?

■ Im Duden kann man zum Begriff Standard folgende Begriffe finden:
Durchschnittsbeschaffenheit – Richtschnur – Maß
allgemeines Qualitätsniveau – vorgeschriebene Norm
festgelegte Qualitätshöhe

■ Die Reinickendorfer pädagogischen Qualitätsstandards sind so gestaltet, daß zu jedem Thema verschiedene Qualitätshöhen beschrieben wurden. Das bedeutet, daß zu jedem Standardthema eine Skala erstellt wurde, die in verschiedenen Abstufungen pädagogisches Verhalten beschreibt. Die Skala reicht von 1 bis 7, wobei 7 die höchste pädagogische Qualität beschreibt und 1 die niedrigste. (Siehe Beispiel: »Qualle«, Ausgabe 5)
Unter Standard eine vorgeschriebene Norm zu verstehen ist unserer Meinung nach nur zum Teil richtig, weil es in unseren Skalen nicht die Norm gibt, sondern verschiedene Qualitätsstufen. Trotzdem gelten diese natürlich als verbindlich. Auch ist vorgesehen, die Qualitätsstandards regelmäßig zu überprüfen und zu überarbeiten.

Warum gibt es eine Skala?

■ Andere Bezirke haben sogenannte »Pädagogische Bausteine« erstellt, an denen sich das pädagogische Personal orientieren soll. Diese Bausteine sind jedoch, obwohl sie zum Teil inhaltlich sehr gut sind, häufig nicht mehr als ein Appell an pädagogisches Verhalten. Denn ihre Anwendung wird nicht oder kaum überprüft und ist deshalb mehr oder weniger beliebig.

Die erarbeiteten pädagogischen Qualitätsskalen sind hingegen so gestaltet, daß sich jede/r mit seinem eigenen pädagogischen Handeln einordnen kann und man zum Beispiel mit den Kollegen/-innen anhand der Skala überlegen kann, welches Ziel man im nächsten Gruppenjahr anstrebt. Nach diesem Jahr ist es einfach, mit Unterstützung der Skala zu einer Einschätzung zu kommen, ob man das angestrebte Qualitätsziel einhalten oder erreichen konnte. Kritisch bewertet wird dann, woran es möglicherweise gelegen hat, daß das Qualitätsziel nicht erreicht werden konnte:

- War der Personaleinsatz schlecht geplant?
- Haben in einer bestimmten Zeit zu viele Kolleginnen/en gefehlt?
- Hat die einzelne Erzieherin zu wenig fachliche Unterstützung bekommen?
- Hat sich der/die einzelne Erzieher/in zu wenig engagiert?
  oder, oder ...

Dieses Vorgehen ermöglicht es, daß sich alle Erzieherinnen, aber auch die Leitungen regelmäßig mit ihren Leistungen auseinandersetzen und diese weiterentwickeln können.

In der nächsten Ausgabe: Was bedeutet die Einteilung der Skala in 1, 3, 5 und 7?

Qualle *QUAL* – ITÄT FÜR AL – *LE*

das Reinickendorfer KITA-INFOBLATT
zu den pädagogischen Qualitätsstandards
Ausgabe 7 **Juni 1997**

Was bedeutet die Einteilung der Skala in 1/3/5 und 7?

Im folgenden ist das Schema der Skala an einem Beispiel dargestellt:
Die pädagogische Qualität von Essenssituationen

Merkmal	Standard 1	Standard 3	Standard 5	Standard 7
Füttern	Es werden mehrere Kleinkinder von einer Erzieherin »gleichzeitig« gefüttert.	Die Erzieherin sitzt mit einer Kindergruppe am Tisch und füttert dabei max. 2 Kinder.	Das Kind wird von einer ihm vertrauten Erzieherin gefüttert.	Das Kind wird von einer ihm vertrauten Erzieherin gefüttert. Sie widmet dabei dem Kind ihre volle Aufmerksamkeit.
	Die Kinder sitzen in einer ihnen angnehmen Position, in der sie sich mit ihren Händen aktiv beteiligen können.	Die Kinder sitzen in einer ihnen angnehmen Position, in der sie sich mit ihren Händen aktiv beteiligen können.	Das Kind sitzt in einer ihm angenehmen Position, in der es sich mit seinen Händen aktiv beteiligen kann. Es besteht Blickkontakt zur Erzieherin, so daß diese Äusserungen des Kindes wahrnehmen und darauf eingehen kann.	Das Kind sitzt in einer ihm angenehmen Position, in der es sich mit seinen Händen aktiv beteiligen kann. Es besteht Blickkontakt zur Erzieherin, so daß diese Äußerungen des Kindes wahrnehmen und darauf eingehen kann.

Die erarbeiteten Skalen sind nach unten und oben begrenzt, das heißt, es wurden jeweils ein niedrigster und ein höchster Qualitätsstandard beschrieben. Die Erzieherinnen, Leitungen und Eltern, die die Qualitätsstandards zur Eingewöhnung, zu den Essens- und Schlafenssituationen, zum Freispiel sowie zur Sauberkeits- und Sexualerziehung in den jeweiligen Arbeitsgruppen entwickelten, orientierten sich zwischen den folgenden Grenzen: Der Standard 1 ist jeweils der **Mindeststandard**, der heutzutage in keiner Kita mehr unterschritten werden sollte. Der Standard 7 beschreibt eine Situation, die unter optimalen Voraussetzungen auf dem heutigen Stand einer pädagogischen Zielsetzung zu erreichen ist, die aber unter den Bedingungen in öffentlichen Kitas wohl nur in seltenen Ausnahmen zu realisieren ist. Die Standards 5 und 3 markieren die pädagogische Qualität, die dazwischen liegt.
In den bisher erarbeiteten Skalen sind nur die Standardwerte 1/3/5 und 7 beschrieben. Die jeweiligen Standardwerte 2/4 und 6 wurden bewußt nicht erarbeitet, um ein nicht zu rigides Meßinstrument anzubieten, das etwas Luft zwischen den beschriebenen Standards läßt.

Wie geht es weiter? Die nächsten »Quallen« erscheinen nach den Sommerferien zu den Fragen: »Wie ordnen wir uns in die Skala ein?« und »Wie wird mit der Skala gearbeitet?«

Qualle *QUAL* – ITÄT FÜR AL – *LE*

das Reinickendorfer KITA-INFOBLATT
zu den pädagogischen Qualitätsstandards
Ausgabe 8 **August 1997**

Wie wird mit der Skala gearbeitet?

■ Die Skala dient dazu, sich den gegenwärtigen Stand der pädagogischen Arbeit deutlich zu machen und Qualitätsziele zu setzen.

■ Dabei ist es zunächst notwendig, sich mit den Inhalten des jeweiligen Themas auseinanderzusetzen. Anschließend bespricht die jeweilige Abteilung/Einheit, welche in den Standards enthaltenen Aussagen zur Zeit für ihre Arbeit zutreffen. Wir empfehlen, hier bei den Aussagen des niedrigsten Standards anzufangen.

■ Auf diese Weise entsteht eine Bestandsaufnahme, die nur dem internen Gebrauch der Kitamitarbeiter/-innen dient.
Auf der Grundlage dieser Bestandsaufnahme überlegt sich die jeweilige Arbeitsgruppe, welche Aussagen aus der Skala sie bis zum Ende des nächsten Kitajahres erreichen kann. Dabei geht es nicht darum, sich mit überhöhten Zielsetzungen zu überfordern, sondern sich kleine, realistische Schritte vorzunehmen.

■ Wenn alle Abteilungen/Einheiten ihre Zielsetzungen definiert haben, kommt es zu Zielvereinbarungen mit der Kitaleitung. Die genaue Vorgehensweise für den hier kurz beschriebenen Umgang mit der Skala und der Erarbeitung von Zielvereinbarungen wird im Moment von den Projektkitas entwickelt und demnächst in einem Handlungsleitfaden für Kitaleitungen beschrieben.

Hinweis: Der nächste Jour Fixe findet am 20. August wieder in den Räumen der Kitaberatung statt. Die beiden Termine, von 9.00 bis 10.30 Uhr und von 14.30 bis 16.00 Uhr, sollen möglichst vielen Kollegen/-innen (trotz Eingewöhnungszeit) ermöglichen, zu kommen. Der Jour Fixe dient dazu, sich über den bisherigen und weiteren Verlauf der Werkstatt »Qualitätsentwicklung« zu informieren und miteinander über Bedenken, Kritik, Eindrücke oder Nachfragen ins Gespräch zu kommen.

In der nächsten Ausgabe: Alles zum Thema Zielvereinbarungen

Qualle *QUAL* – ITÄT FÜR AL – *LE*

das Reinickendorfer KITA-INFOBLATT
zu den pädagogischen Qualitätsstandards
Ausgabe 9 **September 1997**

Zielvereinbarungen zu den pädagogischen Standards

■ Mit den Zielvereinbarungen werden, wie das Wort ausdrückt, Ziele vereinbart. Die Ziele werden demnach nicht bestimmt, angewiesen oder verordnet, sondern am Ende eines gemeinsamen Diskussionsprozesses schriftlich zwischen allen Beteiligten vereinbart.

■ Die pädagogischen Ziele, die zukünftig in Reinickendorfer Kitas vereinbart werden, orientieren sich an den pädagogischen Qualitätsstandards (siehe »Qualle« 5-8). Diese gelten als verbindliche inhaltliche Grundlage.

■ Wie bereits in der letzten »Qualle« beschrieben, führen folgende Schritte zu Zielvereinbarungen:

1. Die inhaltliche, fachliche Auseinandersetzung mit den jeweiligen pädagogischen Themen
2. Die Bestandsaufnahme/Wie arbeiten wir zur Zeit?
3. Die Zielsetzung/Was wollen und können wir im nächsten Gruppenjahr erreichen?
4. Die Zielvereinbarung, die zwischen allen Beteiligten getroffen wird.

■ Zum letzten Punkt gehört auch, daß überlegt wird, was die Erzieherinnen brauchen, um diese Ziele erreichen zu können. Diese Unterstützung wird recht nüchtern als »Maßnahme« bezeichnet. Es wird also miteinander überlegt, welche Maßnahmen vereinbart werden sollten, damit die angestrebten Ziele auch realisiert werden können. Dies können organisatorische Verabredungen sein, zum Beispiel, wie viele Kinder in welchem zeitlichen Abstand in der Kita/Einheit aufgenommen werden sollen, ob man sich den Eingewöhnungsfilm als Team noch mal gemeinsam ansieht. Die Maßnahmen sind aufgegliedert in Teile, für deren Durchführung die Erzieherinnen verantwortlich sind, und anderen, für deren Durchführung die Kitaleitung zuständig ist.

- Nach Ablauf des Zielvereinbarungszeitraums wird gemeinsam überprüft, ob die vereinbarten Ziele erreicht werden konnten. Gründe für ein Nichterreichen können vielfältig sein und sollen jetzt möglichst nüchtern ermittelt werden. Vielleicht haben sich die Bedingungen für die Arbeit verschlechtert, oder die verabredeten Maßnahmen wurden nur zum Teil eingehalten. »Wie können wir's besser machen?« ist jetzt die Frage. Keine Vorhaltungen machen, weil's nicht wie geplant geklappt hat. Möglicherweise läßt sich an einem bestimmten Punkt nichts verbessern, und man muß in der nächsten Zielvereinbarung niedrigere, aber realistischere Ziele anstreben.
  Besser ist jedoch, mit der ersten Zielvereinbarung kleine Schritte zu machen, die auch durchführbar sind. Es ist für alle befriedigender, kleine, erfolgreiche Schritte zu machen, als unter Umständen frustriert und überfordert zu werden.
  Es sollte also zunächst mit den Zielvereinbarungen möglichst kleinschrittig – Schritt für Schritt – umgegangen werden, weil es neben Arbeit auch Spaß machen soll.

In der nächsten Ausgabe: Was bringen Qualitätsstandards und Zielvereinbarungen einer Erzieherin?

Qualle *QUAL* – ITÄT FÜR AL – *LE*

das Reinickendorfer KITA-INFOBLATT
zu den pädagogischen Qualitätsstandards
Ausgabe 10 **September 1997**

Was bringen Qualitätsstandards und Zielvereinbarungen einer Erzieherin?

Das ist eine bedeutsame Frage. Gerade wenn Dir/Ihnen die Qualitätsstandards befremdlich vorkommen, weil es völlig ungewohnt ist, mit ihnen zu arbeiten, oder weil bestimmte Inhalte problematisch erscheinen, bringt es allen Erziehern/-innen einige Vorteile, die wir in Kürze auflisten wollen :

1. Ich habe eine Diskussiongrundlage gegenüber Kollegen/-innen und Leitung.

2. Es hilft mir dabei, mich mit meiner/unserer pädagogischen Arbeit sachlicher auseinanderzusetzen.

3. Ich kann meine/unsere Arbeit leichter und zielgerichteter überprüfen.

4. Ich habe eine Argumentationsgrundlage, bezogen auf die pädagogische Arbeit, die mir hilft, mich gegenüber Eltern besser vertreten zu können.

5. Ich kann mitentscheiden, was wirklich machbar ist, weil ich meine Möglichkeiten einschätzen kann.

6. Ich kann für die angestrebten Ziele Unterstützungsmaßnahmen über legen und diese, wenn sie Teil der Zielvereinbarung sind, ohne »schlechtes Gewissen« einfordern.

7. Ich habe auch eine Grundlage, Gemeinsamkeiten und Unterschiede in der Teamarbeit zu erkennen und gemeinsame Standpunkte zu erarbeiten.

8. Ich kann vielleicht so mit meinen Kolleginnen aus lauter »Einzelkämpferinnen« zu einem Team werden, das sich besser kennengelernt hat.

9. Es erleichtert mir die pädagogische Planung, weil ich zielorientierter arbeiten kann.

10. Durch das Miteinander-Reden lerne ich, genauer hinzusehen, vernachlässigte Themen anzusprechen und meine eigenen Schwerpunkte zu vertreten.

11. Ich kann besser unterscheiden, weshalb etwas nicht geht, und trage nicht die Verantwortung dafür, wenn Zielvereinbarungen wegen Faktoren, die ich nicht beeinflussen kann, nur bis zu einer bestimmten Höhe abschließbar sind.

12. Ich kann mich weiterqualifizieren und bleibe innerlich nicht stehen.

In der nächsten Ausgabe: Ein Überblick über die gesamte bisherige Werkstatt

Qualle QUAL – ITÄT FÜR AL – LE

das Reinickendorfer KITA-INFOBLATT
zu den pädagogischen Qualitätsstandards
Ausgabe 11 **Oktober 1997**

Überblick über die Werkstatt »Qualitätsentwicklung in Kitas«

Am gesamten Prozeß waren/sind in unterschiedlicher Weise Erzieherinnen, Leitungen, Eltern und das Fachamt beteiligt (bisher mehr als 150 Personen).

Erstellungsprozeß	Transferprozeß
Zu folgenden Themen wurden von Anfang 1996 bis zum Sommer 1997 pädagogische Qualitätsstandards erarbeitet.	**Die Steuerungsgruppe (8 Personen)**
	- bringt die »Qualle« raus
- Eingewöhnung	- bündelt Informationen
- Essenssituationen	- veranstaltet die Jour Fixe
- Schlaf-/Ruhesituationen	- plant den Werkstattablauf
- Sexualpädagogik	
- Sauberkeitserziehung	**Kitaleitungen wurden/werden informiert**
- Freispiel	- über das Thema »Qualitätsstandards in der Pädagogik« und zum Standard »Eingewöhnung«
Wegen der Fülle an Material wurde die weitere Erstellung von pädagogischen Qualitätsstandards bis auf weiteres ausgesetzt. Zuerst müssen die Kitas das erarbeitete Material kennenlernen.	**und jetzt im Herbst 1997** - über die Arbeit in den Projektkitas und das Thema »Zielvereinbarungen«

Welche Arbeitsgruppen laufen zur Zeit?

1. Die »Meß-AG« besteht aus 8 Mitgliedern (Erzieherinnen, stellvertretende Leiterinnen) und arbeitet seit Frühjahr 1997 an Fragebögen für Eltern, Erzieherinnen und Kinderbefragungen. Die ersten Fragebögen zur Eingewöhnung wurden kürzlich fertiggestellt und werden demnächst in den Projektkitas ausprobiert.
2. Die »Arbeitsgruppe Projektkitas« besteht aus Leiterinnen und stellvertretenden Leiterinnen aus den fünf Projektkitas. Hier wurde zunächst für den Eingewöhnungsstandard ein Umsetzungskonzept erarbeitet, wie Leitungen mit ihren Kollegen/-innen dieses Thema umsetzen, die Skala einführen und zu pädagagogischen Zielvereinbarungen kommen können. Für die weiteren Standards wird etwas Entsprechendes erarbeitet.

Wie informieren wir die Kollegen/-innen in den Kitas?

1. Mit der »Qualle« bisher zweimal monatlich seit März dieses Jahres.
2. Bei den Jour-Fixen. **Der nächste wird am 4. November** wieder von 9.00 Uhr bis 10.30 Uhr und von 14.30 Uhr bis 16.00 Uhr in den Räumen der Kitaberatung stattfinden. Zwei Jour-Fixe haben im Mai und August stattgefunden, bei denen sich insgesamt 100 Personen über die Werkstatt informiert haben.

In der nächsten Ausgabe: Welche Fragen/Themen sind bisher in welcher »Qualle« behandelt worden?

Qualle *QUAL* – ITÄT FÜR AL – *LE*

das Reinickendorfer KITA-INFOBLATT
zu den pädagogischen Qualitätsstandards
Ausgabe 12 **Oktober 1997**

Welche Fragen/Themen sind bisher in welcher »Qualle« behandelt worden?

(unser Service für später eingestiegene »Qualle«–Leser/-innen und neue Kollegen/-innen)

Fragen / Themen	Ausgabe
Was ist die »Qualle«?	Nr. 1
Wer macht die »Qualle«?	Nr. 1
Was ist die Werkstatt »Qualitätsentwicklung in Kitas«?	Nr. 1
Wer arbeitet in der Werkstatt mit?	Nr. 1
Was ist zu den »pädagogischen Qualitätsstandards« bisher geschehen?	Nr. 2 u. 3
Was ist zu den »pädagogischen Qualitätsstandards« weiter geplant?	Nr. 4
Wie sind die Themen für die »pädagogischen Qualitätsstandards« entstanden?	Nr. 5
Was ist unter Qualität zu verstehen?	Nr. 5
Läßt sich Qualität messen?	Nr. 5
Was ist unter Standard zu verstehen?	Nr. 6
Warum gibt es eine Skala?	Nr. 6
Was bedeutet die Einteilung der Skala in 1/3/5 und 7?	Nr. 7
Wie wird mit der Skala gearbeitet?	Nr. 8
Zielvereinbarungen zu den »pädagogischen Qualitätsstandards«	Nr. 9
Was bringen Qualitätsstandards und Zielvereinbarungen der Erzieherin?	Nr. 10
Überblick über die Werkstatt »Qualitätsentwicklung in Kitas«	Nr. 11

Wenn in Kindertagesstätten die eine oder andere Ausgabe nicht (mehr) vorhanden sein sollte, können die fehlenden Exemplare bei der Kitaberatung angefordert werden.

Wichtig: Am 4. November ist wieder Jour Fixe in der Kitaberatung alternativ von 9.00 Uhr bis 10.30 Uhr oder von 14.30 Uhr bis 16.00 Uhr!

In der nächsten Ausgabe: Was wird in der Werkstatt weiter geschehen?

Qualle QUAL – ITÄT FÜR AL – LE

das Reinickendorfer KITA-INFOBLATT
zu den pädagogischen Qualitätsstandards
Ausgabe 13 **November 1997**

Wir wollen in dieser »Qualle« unsere Planung für die 2. Werkstattphase (ab Januar 98) vorstellen

Zunächst zur Erinnerung:
Seit Anfang dieses Jahres arbeiten fünf Reinickendorfer Kitas (Projektkitas) an der Umsetzung des ersten pädagogischen Qualitätsstandards »Eingewöhnung« in ihre Arbeit. Das heißt natürlich nicht, daß in diesen Kitas nicht schon seit langem Kinder eingewöhnt werden. Der Unterschied ist jetzt, daß in den Kitas pädagogische Zielvereinbarungen zwischen den Kollegen/-innen und der Leitung abgeschlossen wurden/werden, die eine zielgerichtetere Eingewöhnung ermöglichen können. Leitungen aus den fünf Kitas erarbeiteten gemeinsam mit der Kitaberatung ein Umsetzungskonzept, das anderen Leitungen helfen kann, den Standard »Eingewöhnung« mit den Kollegen/-innen ihrer Kita zu erarbeiten und ebenfalls zu Zielvereinbarungen zu kommen.

In die 2. Werkstattphase können alle Reinickendorfer Kitas einsteigen, die daran Interesse haben. Der Vorteil liegt darin, daß alle Kitaleitungen der 2. Werkstattphase eine Begleitung durch die Kitaberatung erhalten und außerdem verschiedene Moderationstechniken kennen- und anwenden lernen. Für Kitas, die sich nicht beteiligen, werden die Qualitätsstandards trotzdem zu einem vom Fachamt vorgegebenen Termin verbindlich, und es müssen auch Zielvereinbarungen zwischen der Kitaleitung und den Erziehern/innen abgeschlossen werden.

Wie werden wir Projektkita in der 2. Phase?
In der zweiten Novemberhälfte werden die Kitas einen Brief erhalten, mit dem sie aufgefordert werden, sich für die 2. Werkstattphase anzumelden. Die Anmeldungen zur Umsetzung des Qualitätsstandards »Eingewöhnung« werden in der Kitaberatung gesammelt. Die Steuerungsgruppe wird dann die Organisation der zweiten Werkstattphase planen.

Was kommt auf uns zu, wenn wir Projektkita sind?
Geplant ist, daß jeweils 8 Kitaleitungen eine Arbeitsgruppe bilden, die durch die Kitaberatung begleitet wird. Diese Arbeitsgruppen treffen sich sechsmal zu folgenden Inhalten :

- inhaltliche und methodische Vorbereitung von Dienstbesprechungen zum Qualitätsstandard »Eingewöhnung«;
- Auswertung und Reflexion der Erfahrungen in den Dienstbesprechungen;
- Moderationsverfahren kennen- und anwenden lernen.

Während dieser Zeit beginnt jede Kitaleitung, die in der Arbeitsgruppe geplanten Dienstbesprechungen mit ihren Mitarbeiterinnen durchzuführen mit dem Ziel, nach 6 Terminen zum Abschluß von pädagogischen Zielvereinbarungen zwischen Kitaleitung und ErzieherInnen zu kommen. Zielvereinbarungen zwischen den Kitaleitungen und dem Fachamt sind dann der nächste Schritt.

Zeitrahmen

Arbeitsgemeinschaften der Leitungen:	Februar bis Dezember 1998, in den verschiedenen Gruppen jeweils kürzer
Dienstbesprechungen in den Kitas:	je nach Kitasituation, jedoch möglichst parallel zu den Arbeitsgemeinschaften ab Februar 1998

Die Zielvereinbarungen sollten bis Ende 1998 erarbeitet sein.

In der nächsten Ausgabe: Über die Arbeit der »Meß-AG«

Qualle QUAL – ITÄT FÜR AL – LE

das Reinickendorfer KITA-INFOBLATT
zu den pädagogischen Qualitätsstandards
Ausgabe 14 **November 1997**

Über die Arbeit der »Meß-AG« oder »Arbeitsgruppe Qualitätssicherung«

Wie entstand die »Meß-AG«?

Bei der Erarbeitung des Eingewöhnungsstandards ergab sich die Frage: Wie kann Qualität meßbar gemacht werden?
Hierzu bildete sich eine Gruppe aus Kitamitarbeitern/-innen und der Kitaberatung.

Was soll gemessen werden?

Wichtige Aspekte der Qualität pädagogischer Arbeit, zunächst bezogen auf den Standard »Eingewöhnung«.

Mit welchen Instrumenten wird gemessen?

Zunächst mit einem Elternfragebogen, der die Zufriedenheit der Eltern mißt, und einem Fragebogen für Erzieherinnen, mit dem die geleistete Eingewöhnungsarbeit überprüft werden kann.

Wie ist das Verfahren?

Der Fragebogen soll von allen Eltern einer Kita (im Moment nur in den Projektkitas), die ihr Kind eingewöhnt haben, anonym ausgefüllt werden. Die Bögen werden dann in der »Meß-AG« gesammelt und für jede Kita ausgewertet.

Was wird mit den Ergebnissen gemacht?

Die Kitas erhalten von der »Meß-AG« Rückmeldungen über die Zufriedenheit ihrer Eltern mit der Eingewöhnung.
Dies sind Anhaltspunkte für weitere Qualitätsverbesserungen. Außerdem werden die Ergebnisse den Eltern bekanntgegeben.

Zwei Beispiele aus dem Elternfragebogen:

1.2 Von der Leitung wurde ich	❑ freundlich und verständnisvoll empfangen ❑ distanziert empfangen ❑ eher abweisend empfangen
2.5 Ich fand mit meinen Fragen, Sorgen und Ängsten	❑ offene Ohren ❑ eher Desinteresse vor ❑ ....

Weitere Fragebögen – auch für Erzieherinnen und eventuell Kinder – sollen nach und nach entwickelt werden. In der »Meß-AG« arbeiten mit:

Birgit Friedland (Kita Treuenbrietzener Str.),
Johannes Hauenstein (Kita Breitkopfstraße),
Steffi Krämer (Kita Markgrafenstr.),
Marion Schimmel (Kita Eichborndamm),
Beate Schultz (Kita Wilhelmsruher Damm),
Christine Wirth (Kita Treuenbrietzener Str.),
Sabine Wocko (Kita Schlitzer Str.).

Begleitet wird die Gruppe von Grit Herrnberger (Kitaberatung).

Qualle QUAL – ITÄT FÜR AL – LE

das Reinickendorfer KITA-INFOBLATT
zu den pädagogischen Qualitätsstandards
Ausgabe 15 **Dezember 1997**

Liebe Kolleginnen und Kollegen, zum Jahresende soll es noch eine Weihnachts-»Qualle« geben!

1. Infos zum Stand der Anmeldungen für die zweite Werkstattphase

Es haben sich fast alle Reinickendorfer Kindertagesstätten für die 2.Werkstattphase angemeldet, das heißt, konkret zwei Regionen haben sich komplett angemeldet, eine Region ist komplett interessiert und von zwei Regionen liegen jeweils fast komplette Anmeldungen vor.

2. Die Planungen für 1998

Die Steuerungsgruppe hatte vor kurzem einen Klausurtag und hat die Planungen für 1998 erarbeitet:

Danach wird die Kitaberatung insgesamt neun Arbeitsgruppen für Leitungen anbieten. In diesen Arbeitsgruppen bereiten sich die Kitaleitungen inhaltlich und methodisch vor, die Dienstbesprechungen für den ersten Qualitätsstandard »Eingewöhnung« in Euren Teams nach und nach durchzuführen. Insgesamt werden 6 Sitzungen in Euren Kitas durchgeführt. Das Ziel soll sein, miteinander pädagogisch ins Gespräch zu kommen und zu Zielvereinbarungen zu kommen, die Euch in Eurer zukünftigen Eingewöhnungspraxis unterstützen können.

Am 1. Juli soll es einen Fachtag geben, in dem es um Eure ersten Erfahrungen mit dem Eingewöhnungsstandard gehen soll. Der genaue Ablauf wird noch erarbeitet und Euch rechtzeitig bekanntgegeben.

1998 wird es keine Jour-Fixe mehr geben, weil fast alle Kitas direkt am

Prozess beteiligt sind und es insofern keinen so großen Informationsbedarf mehr geben wird.

Die »Quallen« werden ab Januar nicht mehr so häufig erscheinen. Immer dann, wenn es etwas Wichtiges mitzuteilen gibt, werdet Ihr jedoch von uns hören.

3. Zu den Zeitungsberichten über unsere Werkstatt

Im November haben wir mit dem Stadtrat über unsere Werkstatt eine Pressekonferenz durchgeführt. Vier Lokalreporter wurden von uns, wir denken, sehr ausführlich, über die Werkstatt informiert. Leider spiegeln die bisher erschienenen Artikel dies kaum oder nicht wider. Informationen wurden aus dem Zusammenhang gerissen, teilweise verfälscht oder irgendwie sinnentstellend miteinander verbunden. Da Ihr wißt, was wirklich läuft, und Eure Leitungen auch daraufhin ansprechen könnt, hoffen wir, daß Ihr Euch nicht zu stark habt verunsichern lassen. Wir finden es jedenfalls schade, daß es offensichtlich so schwer ist, mit diesem wichtigen und interessanten Thema eine angemessene Öffentlichkeit herzustellen.

Die Steuerungsgruppe

Herausgeber:
Bezirksamt Reinickendorf von Berlin/Abtl. Jugend und Schule
Steuerungsgruppe »Pädagogische Qualitätsstandards«
Kitaberatung Reinickendorf/Frau Ziesche
Nimrodstraße 4-14, 13569 Berlin, Tel.: 030/4192/6609

Anhang 2

Auswertung der Elternbefragung zum Qualitätsstandard »Eingewöhnung«[22]

Anonyme Befragung im November und Dezember 1997 bei Eltern, die ihr Kind aktuell eingewöhnten.
Beteiligt waren alle Projektkitas der Werkstatt »Qualitätsentwicklung im Kindertagesstättenbereich« des Berliner Bezirks Reinickendorf:

83 Fragebögen wurden in den fünf Kitas gezielt verteilt.
57 Fragebögen kamen ausgefüllt zurück.
Das entspricht einer Rücklaufquote von 69 Prozent der Fragebögen.
Im folgenden wird das Kürzel »n« für »Anzahl« verwendet.

	Kita A	**Kita B**	**Kita S**	**Kita E**	**Kita F**	**Gesamt**
n ausgegeb. Fb	18	12	22	16	15	83
n abgegeb. Fb	12	8	13	11	13	57
%	66	66	59	69	87	69

Die Auswertung der Fragebögen nahm die »Mess-AG« vor, die in der Werkstatt die Aufgabe der Entwicklung von Qualitätssicherungs-Instrumenten hat.

[22] Fragebogen siehe S. 132f.

1. Der erste Eindruck

1.1 Kitagebäude, Außengelände und Flure wirkten auf mich ...

	A n	%	B n	%	S n	%	E n	%	F n	%	%Ge- samt
anspre-chend und freundlich	7	58	5	62	4	31	7	64	9	**69**	57
durch-schnittlich	5	42	4	50	7	**54**	4	36	3	25	41,5
düster und abweisend	0	0	0	0	1	**7**	0	0	0	0	1,5

Überwiegend wurde die Wirkung der Kitagebäude mit ihren Fluren und den Außenanlagen als ansprechend und freundlich beschrieben (57 %). Ein ebenfalls erheblicher Prozentsatz der Eltern bezeichnete den Eindruck der Gebäude innen und außen als durchschnittlich (41,5 %).
Nur in einem Fall (1,5 %) entstand ein düsterer und abweisender erster Eindruck von den Gebäuden.

1.2 Von der Leitung wurde ich . . . empfangen

Kita	**Kita A** n .	%	**Kita B** n .	%	**Kita S** n .	%	**Kita E** n .	%	**Kita F** n .	%	**Gesamt.** %
freundl.u. verständ-nisvoll	12	100	7	87	13	100	11	100	9	69	91,3
distanziert	0	/	0	/	0	/	0	/	3	23	4,6
eher abwei-send	0	/	0	/	0	/	0	/	0	/	0

An 100 Prozent fehlende Ergebnisse: keine Angabe.
In einem deutlichen Votum sprachen die befragten Eltern von einem freundlichen und verständnisvollen Empfang durch die Leiterin der Kindertagesstätte (91,3 %). Nur in einer Kita erlebten Eltern einen distanzierten Empfang (n=3). Eher abweisend wurden Eltern in keinem der befragten Häuser empfangen.

2. Verlauf der Eingewöhnung

2.1 Die Eingewöhnungsbroschüre wurde mir von der Leitung . . .

Kita	**Kita A**		**Kita B**		**Kita S**		**Kita E**		**Kita F**		**Gesamt.**
	n	%	n	%	n	%	n	%	n	%	%
empfohlen und überreicht	7	58,3	4	50	9	69	9	**82**	1	7,7	53,4
sachlich überreicht	3	**25**	2	**25**	3	23	1	9	1	7,7	18
nicht überreicht	2	17	0	/	0	/	0	/	8	**61,5**	15,6

Die in der Werkstatt erarbeitete Eingewöhnungsbroschüre wurde überwiegend empfohlen und überreicht (53,4 %). Hierbei fielen unterschiedliche Handhabungen in den verschiedenen Einrichtungen auf (Schwankungen zwischen 7,7 % und 82 %).
18 Prozent der befragten Eltern berichteten vom »sachlichen Überreichen« der Broschüre. Insgesamt 15,6 Prozent der Befragten gaben an, die Broschüre nicht überreicht bekommen zu haben. Auch hier schwankten die Angaben zwischen von 0 und 61,5 Prozent.
Die Broschüre wurde im Sommer 1997 fertiggestellt.

2.2 Zu einem Informationsbesuch vor Beginn der Eingewöhnung wurde ich eingeladen . . .

Mehrfachnennungen möglich

Kita	Kita A n	%	Kita B n	%	Kita S n	%	Kita E n	%	Kita F n	%	Gesamt. %
von der Leitung	6	50	7	87	11	85	11	**100**	5	38	72,1
von der Erzieherin	9	**75**	4	50	4	31	2	18	8	62	47,1
mit Kind	6	50	4	50	7	54	2	18	8	**62**	46,7
ohne Kind	3	25	1	12	1	8	4	36	1	8	17,8
freundlich	9	75	3	37	10	77	9	**82**	9	69	68,1
distanziert	0	0	0	0	0	0	0	0	0	0	0
überhaupt nicht	2	10	1	12	0	0	0	0	4	**31**	10,6

Überwiegend waren es die Leiterinnen der Kitas, die zu einem Informationsbesuch einluden (72,1 %). Doch auch Erzieherinnen nahmen diese Einladungen vor (47,1 %).
Überwiegend wurde die Einladung als Besuch mit Kind ausgesprochen und verstanden (46,7 %). Ein geringer Prozentsatz war ohne Begleitung des Kindes eingeladen worden (17,8 %).
Die Mehrheit der Befragten nahm die Einladung als freundlich wahr (68,1 %). Als distanziert beschrieb sie niemand (0 %).
10,6 Prozent der Eltern wurden nicht zu einem Informationsbesuch vor der Eingewöhnung eingeladen.

2.3 Vor Beginn der Eingewöhnung fand ein Elternabend statt . . .

Kita	**Kita A** n .	%	**Kita B** n .	%	**Kita S** n .	%	**Kita E** n .	%	**Kita F** n .	%	**Gesamt.** %
zu diesem Thema	9	75	4	50	8	61	11	**100**	1	8	59
fand nicht statt	1	8	3	37	4	31	0	0	9	**69**	29,2
weiß ich nicht	2	17	1	12	1	8	0	0	4	**31**	13,5

Zu diesem Thema fand in vielen Häusern ein Extra-Elternabend statt. Die Angaben schwanken zwischen 8 und 100 Prozent.
In 4 von 5 Häusern fand nach Meinung der Befragten kein Elternabend statt. Auch hier gab es große Unterschiede zwischen den Kitas: 0 bis 69 Prozent. 13,5 Prozent der Befragten äußerten auf die Frage nach dem Eingewöhnungs-Elternabend: »Weiss ich nicht.«

2.4 Die Erzieherin erklärte mir die Wichtigkeit der Eingewöhnung für mein Kind . . .

Kita	**Kita A** n.%		**Kita B** n.%		**Kita S** n.%		**Kita E** n.%		**Kita F** n.%		**Gesamt.** %
freundl. und sachlich	12	**100**	8	**100**	12	92	11	**100**	11	85	95,4
distanziert u. sachlich	0	0	0	0	0	0	0	0	1	**8**	1,5
überhaupt nicht	0	0	0	0	0	0	0	0	0	0	0
Bemerkg.	keine		keine		n=1: Beim Informationsbesuch wurde einer Erzieherin der Verlauf einer Eingewöhnung erzählt.. n=1 o.A.		keine		n=1: Die Erzieherin weiß um kindl. Bedürfnisse. Leider ist sie die grosse Ausnahme. Das Kind und sein Bedürfnis haben den absoluten Vorrang! n=1 o.A.		

Eindeutig bekundeten die Eltern, daß die Erzieherin ihnen die Wichtigkeit der Eingewöhnung für ihr Kind freundlich und verständnisvoll erklärt habe (95,4 %). Nur ein Elternhaus berichtete von einer eher distanzierten und sachlichen Erklärung der Erzieherin (1,5 %). Allen »Eingewöhnungseltern« wurde die Wichtigkeit der Form der Eingewöhnung nahegebracht; der Standard »überhaupt nicht« kam nicht vor (0 %).

2.5 Ich fand mit meinen Fragen, Sorgen und Ängsten . . .

Kita	Kita A n.%		Kita B n.%		Kita S n.%		Kita E n.%		Kita F n.%		Gesamt. %
offene Ohren	12	**100**	8	**100**	11	85	10	91	12	92	91,3
eher Desinteresse	0	0	0	0	0	0	1	9	0	0	1,8
Bemerkg.	keine		keine		gut zugehört		zur Kenntnis genommen		Respekt		

Eltern fanden in grosser Mehrheit Gehör mit ihren Fragen, Sorgen und Ängsten (93,5 %). In nur einem Fall berichteten Eltern von Desinteresse in bezug auf ihre Anliegen (1,8 %).

2.6 Zur Eingewöhnung meines Kindes war ich insgesamt ... Tage in der Kita anwesend:

Anzahl der Tage	Kita A n .	%	Kita B n .	%	Kita S n .	%	Kita E n .	%	Kita F n .	%	Gesamt. %
1	0	0	0	0	0	0	0	0	1	8	1,5
2	0	0	0	0	0	0	1	9	3	23	6,4
3	1	8	0	0	2	15	1	9	1	8	6,4
4	1	8	1	12	0	0	1	9	1	8	7,5
5	4	33	3	37	1	8	2	18	0	0	**19,3**
6	0	0	0	0	0	0	2	18	0	0	3,6
7	2	17	1	12	2	15	1	9	2	15	**13,8**
8	0	0	0	0	0	0	0	0	0	0	0
9	0	0	0	0	0	0	0	0	0	0	0
10	3	25	0	0	4	31	0	0	1	8	**12,7**
11	0	0	0	0	0	0	0	0	0	0	0
12	0	0	0	0	0	0	1	8	0	0	1,5
13	0	0	0	0	0	0	0	0	0	0	0
14	0	0	0	0	1	8	2	18	0	0	5,2
15	0	0	1	12	1	8	0	0	0	0	4,0
16	0	0	1	12	0	0	0	0	0	0	2,5
17	0	0	0	0	0	0	1	9	0	0	1,8
18	1	8	0	0	0	0	0	0	0	0	1,7
Bemerkg.	n=1 o. A.		n=1 o. A. 0	0	n=1 o. A.		keine		n=2; 0 Tage, da nur stundenweise ohne Probleme in der Kita		

Deutlich wurde die breite Streuung der unterschiedlichen Bedürfnisse von Kindern und Eltern. Ein Fünftel der Kinder benötigte 5 Tage Zeit für die Eingewöhnung (19,3 %). 13,8 Prozent der Kinder benötigten 7 Tage. 12,7 Prozent der Kinder hatten nach 10 Tagen die Eingewöhnung bewältigt. Zu beachten sind die unterschiedlichen Angaben in den einzelnen Kitas. Deutlich wurde, daß Altersangaben der Kinder fehlten. Insofern war eine Bewertung der Daten schwierig – ein Hinweis für eine Ergänzung des Fragebogens.

2.7 Ich habe mich in dieser Zeit in der Kita . . . gefühlt:

Kita	**Kita A** n .	%	**Kita B** n .	%	**Kita S** n .	%	**Kita E** n .	%	**Kita F** n .	%	**Gesamt.** %
willkommen	10	83	8	**100**	10	77	7	64	11	85	82
einigermaßen	2	17	0	0	2	15	3	**27**	2	15	15
als Störfaktor	0	0	0	0	0	0	0	0	0	0	0

Ein Großteil der Befragten gab an, sich während der Eingewöhnungszeit in der Kindertagesstätte willkommen gefühlt zu haben (82 %). In 4 von 5 Häusern fühlten sich Eltern einigermaßen wohl (15 %). In keiner der befragten Kitas empfanden sich Eltern als Störfaktor (0 %).

2.8 Nach meiner Rückkehr in die Kita wurde ich . . . von der Erzieherin über den Verlauf in der Zwischenzeit informiert:

Kita	**Kita A** n .	%	**Kita B** n .	%	**Kita S** n .	%	**Kita E** n .	%	**Kita F** n .	%	**Gesamt.** %
täglich	12	**100**	6	75	10	77	10	91	7	54	88,8
manchmal	0	0	1	8	2	**15**	1	10	2	**15**	9,9
gar nicht	0	0	0	0	0	0	0	0	0	0	0
nur auf Anfrage	0	0	2	**35**	1	8	1	10	3	23	13,2

Eine deutliche Mehrheit von Eltern bemerkte, daß sie täglich über den Verlauf in der Zwischenzeit informiert wurde (88,8 %). Diese Angabe schwankt zwischen 54 und 100 Prozent. In 4 von 5 Kitas wurden Eltern manchmal über den Verlauf unterrichtet (9,9 %).
Ebenfalls in 4 von 5 Häusern wurden Eltern nur auf Nachfrage informiert. Allerdings handelte es sich um einen geringen Prozentsatz (13,2 %). In keiner der 5 Projektkitas gaben Eltern an, gar nicht erfahren zu haben, was sich in der Zwischenzeit ereignet hatte (0 %).

2.9 Ich habe während der Eingewöhnung bei meinem Kind Veränderungen festgestellt:

Kita	**Kita A** n . %	**Kita B** n . %	**Kita S** n . %	**Kita E** n . %	**Kita F** n . %	**Gesamt.** %
nein	8 67	7 **87**	6 46	8 73	7 54	65,4
ja	4 **33**	1 12	4 31	3 27	1 8	22,4
Begründungen	gute Veränderungen selbständiger gegenüber anderen Kindern, hängt mehr an den Eltern	Kinder sind lebhafter	ausgeglichener u. offener, selbständiger Abwehr erst ängstlich und aggressiv, hat sich aber gelegt	wurde selbständiger leichte Trotzhaltung mehr Schmusebedarf zu Hause als sonst, Änderung des Schlafverhaltens	Kind hat 2 Wochen bettgenäßt Kind wollte grundsätz lich nicht in eine Kita, spielfreudiger, stolzer, selbstbewußter, schmusiger	
			n=3 o. A.			

Überwiegend wurden keine Veränderungen bei den Kindern festgestellt (65,4 %). 22,2 Prozent der Eltern stellten Veränderungen fest und beschrieben sie zum Teil.

2.10 Am Ende der Eingewöhnung konnte ich mich wie von meinem Kind verabschieden?

Kita	Kita A n .	%	Kita B n .	%	Kita S n .	%	Kita E n .	%	Kita F n .	%	Gesamt. %
gut	10	83	7	87	9	96	11	**100**	10	77	83,2
einiger-maßen	1	8	0	0	3	**23**	0	0	2	15	9,2
nur schwer	1	8	1	12	2	**15**	0	0	0	0	7,2

n = 2: ohne Angabe
Der überwiegende Teil der Befragten konnte sich am Ende der Eingewöhnung gut vom Kind verabschieden (83,2 %).
9,2 Prozent der Eltern gelang die Verabschiedung einigermaßen.
Einigen wenigen Eltern fiel die Verabschiedung nach Beendigung der Eingewöhnung schwer (7,2 %).

2.11 Am Ende der Eingewöhnung konnte sich mein Kind wie von mir verabschieden?

Kita	Kita A n .	%	Kita B n .	%	Kita S n .	%	Kita E n .	%	Kita F n .	%	Gesamt %
gut	8	67	6	75	7	54	10	**91**	7	54	68
einiger-maßen	2	17	2	25	2	15	1	9	6	**46**	22,4
nur schwer	2	**17**	0	0	2	15	0	0	0	0	6,4
gar nicht	0	0	0	0	1	7	0	0	0	0	1,5

Gut zwei Drittel der Eltern gaben an, daß sich ihr Kind gut von ihnen verabschieden konnte (68 %).
Einigermaßen schafften die Verabschiedung 22,4 Prozent der eingewöhnten Kinder. In 2 von 5 Häusern konnten sich einige wenige Kinder nur schwer verabschieden (6,4 %). In einem Fall beschrieben Eltern, daß sich ihr Kind gar nicht verabschieden konnte.

2.12 Die Dauer der Eingewöhnung fand ich ...

Kita	Kita A		Kita B		Kita S		Kita E		Kita F		Gesamt
	n .	%	n .	%	n .	%	n .	%	n .	%	%
optimal	9	75	8	**100**	7	54	10	91	5	38	71,6
annehm-bar	2	17	0	0	4	31	1	9	6	**46,2**	20,5
zu kurz	0	0	0	0	1	**8**	0	0	0	0	1,5
zu lang	1	8	0	0	0	0	0	0	0	0	1,7
					n=1 o.A.				n=2 o.A.		

Die Dauer der Eingewöhnung wurde von einer großen Mehrheit als optimal beschrieben (71,6 %). Als annehmbar bezeichnete ein Fünftel der befragten Eltern die Dauer der Eingewöhnung (20,5 %).
Einem Elternhaus erschien die Eingewöhnungsphase als zu kurz (1,5 %). Ein Elternhaus gab an, die Dauer der Eingewöhnung als zu lang empfunden zu haben (1,7 %).

2.13 Ich habe für mein Kind in dieser Kita einen Platz ausgesucht wegen . . .

Mehrfachnennungen möglich

Kita	Kita A		Kita B		Kita S		Kita E		Kita F		Gesamt
	n	%	n	%	n	%	n	%	n	%	%
Nähe zu Wohnung u.Arbeits-platz	10	83	7	87	12	95	9	82	10	77	84,4
schönes Gebäude/ Garten	8	67	1	12	6	46	1	9	9	69	40,7
freundli-ches Personal	5	42	2	25	5	38	4	37	7	54	39,1
guter Ruf der Kita	4	33	5	62	1	8	7	64	4	31	39,5
pädag. Konzept	2	17	1	12	1	8	2	18	3	23	13,6
gute Eltern-arbeit	0	0	2	25	0	0	4	37	1	8	13,8
freier Platz	6	50	2	25	4	31	3	27	3	23	31,2